これなら使える！

小さな会社の「シンプル人事制度」

社会保険労務士
松本明弘

アニモ出版

はじめに

　「人事制度なんて役に立たない」「人事制度を導入したら人間関係がガタガタになった」と、人事制度を"諸悪の根源"のように認識している社長が存在する一方で、「人事制度を活用することで会社の雰囲気が明るくなった」と、人事制度を会社の"救世主"のごとく認識している社長もいます。

　これほどまで賛否両論の制度は珍しく、人事制度の本当の姿はどちらなのでしょうか。

　社会保険労務士となって20年間、最初の数年間は常に「（自分自身が）納得できる人事制度」を追い求めて、さまざまなセミナーに参加したり、100冊を超える専門書をむさぼり読んだり、まさに暗中模索の日々を過ごしました。

　自分なりに「人事制度は人材育成のためにある」と納得した矢先の2011年、私の師というべき方（経営コンサルタント）の「会社の都合で、人材を育成しようとすること自体が、人材育成を難しくしている」との一言で、自分自身がお客様にすすめてきたことは、善意の押しつけになっているのではないか、と反省しました。

　そして、もう一度、人事制度について徹底的に考えました。その試行錯誤の結果、以下のように考えて今日に至っています。

　社員が「結局、人事制度なんて会社の都合なんでしょ！」と思っているか、「自分たちの成長を支援してくれるためのツールなんだよ！」と実感しているかの違いが、そのまま人事制度への納得度、取り組む意欲に直結しています。

　前者は"やらされ感"いっぱいで、人事制度に対しても否定的となり、後者は、自分の強みと改善点がわかり、自発的に課題に取り組み、人事制度に対しても違和感なく受け入れています。

さらに、社員が人事制度を違和感なく受け入れる前提として、社長と社員の「信頼関係」が築かれています。

　信頼関係を築くためには、まずは、社長自身が口先だけではなく、自らの「背中を見せる」こと、そして、心から「社員を大切にする」という２つの"黄金律（ゴールデンルール）"があることに気がついたのです。

　この「背中を見せる」「社員を大切にする」ことによる信頼関係こそが、人事制度の設計や運用に多大な影響を与えていると思います。

　本書は、社員数がおおむね30名までの小さな会社が、専門知識がなくても、「自社に合った、シンプルでわかりやすい人事制度をつくる」ことを視野に入れて書きました。

　社員数が10名程度であれば、社長と社員のコミュニケーションも密に行なわれているので、人事制度の必要性が低いのが現状です。

　しかし、次世代のリーダーを育てる目的で人事制度を導入することも、当然あっていいと思います。

　もう少し規模が大きくなって、おおむね20名程度になり、リーダーが育ってきたころから、社員１人ひとりの自発的な成長を支援するためのコミュニケーションツールとして、人事制度を本格的に活用しましょう。社員１人ひとりの当事者意識も育ってきます。

　本書をお読みいただくことで、「難しく考えないで、自社の実情にそったシンプルでわかりやすい人事制度でいいんだ。これなら自分たちでもつくれそうだ」と、思っていただければ幸いです。

　2025年２月　　　　　　　　　　社会保険労務士　松本　明弘

3章　【準備：ステップ1】「プロジェクトチーム」を立ち上げる

4章　【準備：ステップ2】「経営理念」を確認する

5章 【準備：ステップ３】「現状分析」を行なう

CONTENTS

CONTENTS

カバーデザイン◎水野敬一
本文ＤＴＰ＆図版＆イラスト◎伊藤加寿美（一企画）

1章

会社が直面している
"人"に関する2つの悩み

"いい人" が採用できない

🏢 少子高齢化の波は採用活動を直撃する

　少子高齢化にともなう生産年齢人口（15歳～64歳）の減少により、業界や職種を問わず、採用が難しくなっています。

　日本の生産年齢人口は1995年をピークに減少に転じており、2060年には2015年の約6割の水準まで減少する見通しとなっています。

◎わが国の生産年齢人口の推移と将来推計◎

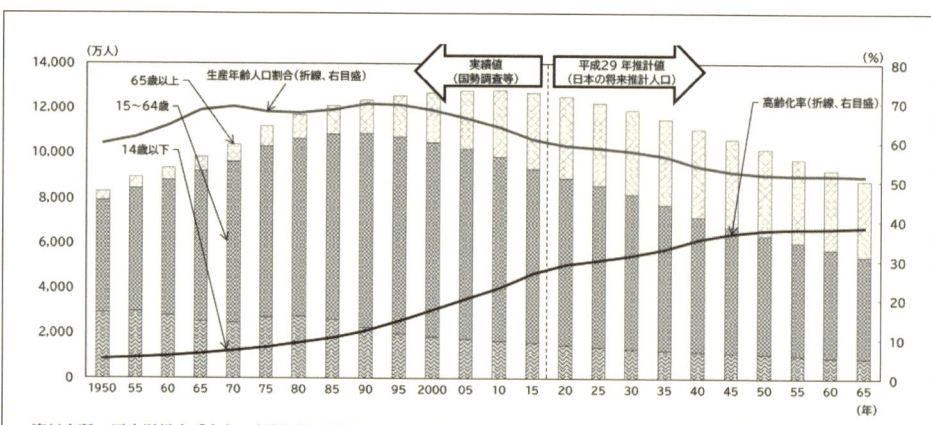

資料出所　厚生労働省「令和3年版厚生労働白書　資料編」をもとに厚生労働省政策統括官付政策統括室にて作成
（注）　2015年までの人口は総務省統計局「国勢調査」（年齢不詳の人口をあん分した人口）、高齢化率および生産年齢人口割合は、総務省統計局「国勢調査」（年齢不詳の人口をあん分した人口）、2020年以降は国立社会保障・人口問題研究所「日本の将来推計人口（平成29年推計）：出生中位・死亡中位推計」をもとに作成。

　超高齢化社会を迎えた日本では、今後も人材難や採用難が続くと予想されます。しかしながら、厳しい状況にもかかわらず求める人材を獲得できている会社もあり、人材難や採用難の理由を社会環境の変化にだけ求めるわけにはいきません。

🏢 求職者に選ばれる会社をめざす

　ハローワークに求人票を提出しておけば、応募者が殺到した時代はすでに終わっています。

　「採用に困らない会社」とは、「**求職者に選ばれる会社**」と言い換えることができます。

　求職者に選ばれる会社になるためには、実際に働いている社員1人ひとりが、目的をもって楽しく、そしてお互い助けあって働くことができる魅力ある職場をつくっていくことが大切です。

　求職者の意識も大きく変化しつつあります。以前は、給与や賞与といった処遇を優先する求職者が多数を占めていましたが、最近では「人間関係」「やりがい」「残業なし」「柔軟な働き方」などを重視する傾向にあります。

　採用活動を行なう場合は、求職者のニーズに応じた職場環境や働き方を提供する必要性が増しているのです。

　特に、最近の若い世代は求人票の情報だけで就職活動を進めることはありません。

　インターネットやSNS（ソーシャル・ネットワーキング・サービス）など、さまざまな媒体を利用して情報収集を行なっています。

　採用活動を行なう会社が求人票にどんなに見栄えのよい内容を記載しようとしても、実態と異なっていれば、会社のイメージはむしろ悪くなってしまいますから、自分たちが誇れるものを堂々と情報提供できるように努力していきましょう。

🏢 人事制度が採用活動に影響を与えている？

　採用活動をより充実させるために、さまざまな「手法」が考え出されていますが、小さな会社であっても、お金をかけずに、実践できる方法を紹介します。

13

①採用活動の「陣頭指揮は社長自ら」が行なう
②採用したい「いい人材を明確」にする
③全社員が「経営理念に共感」をもてる会社をめざす

１つ目は、「**採用活動の陣頭指揮は社長自ら**」が行なうことです。

仕事に対する思いや働く目的をしっかりともった求職者は、会社の"熱意"を敏感に感じているものです。

会社のことを一番思っている社長こそ、会社をアピールする適任者であることに異論はないでしょう。

「私は得意先回りや打ち合わせで忙しいから、採用の件は総務部長よろしくね！」ということがないようにしたいものです。

会社のトップである社長が営業活動や生産活動を優先しすぎて、採用活動が後回しになってはいけません。

２つ目は、採用したい「**いい人材を明確**」にすることです。

そもそもいい人材とは、どのような人物を指すのかが不透明になっている会社が多いのです。

高偏差値の学校の出身者、運動部のキャプテンやマネージャーだった人、パソコン操作が堪能な人、経営理念に共感できる人…。「わが社はどのような人材を求めているのか」といった採用基準が定まっていなければ、"場当たり的"な採用にならざるをえません。

場当たり的な採用がまかり通ると、応募者と会社のミスマッチが生じ、早期離職につながりかねません。

３つ目は、全社員が「**経営理念に共感**」をもてる会社をめざすことです。

近年、応募者に限らず、会社を見る目は社長の思いや経営理念、

会社のイメージに向けられることが急速に高まっています。

　応募者の求めている内容も、給与や休日などの就労条件よりも「社長の思いに共感するか」「会社のめざす方向性に社会貢献につながるものがあるのか」などを重視する傾向が強まっています。

　応募者が社長の思いや経営理念に共感していれば、入社後の仕事観のミスマッチは少なくなります。

　以上、「採用活動をより充実させる３つの方法」を説明しましたが、実は、①陣頭指揮は社長自らが行なう、②いい人材を明確にする、③全社員が経営理念に共感をもてる会社をめざすことは、そのまま「使える！　人事制度」の作成をめざすための必要事項であるともいえるのです。

1-2 なかなか "人" が育たない

人が育たない会社の特徴

会社の成長には、社員の成長が欠かせません。社員が成長しなければ、生産性を高めることができず、会社は衰退の一途をたどるかもしれないからです。

それゆえに、「社員がいかに成長できるか」こそ、会社における最も大切な取り組みと考えなければなりません。

人が育たない会社には、いくつかの特徴がみられます。

"指示待ち"の社員ばかりではモチベーションが低く、やる気が感じられません。

人間関係がギスギスして、コミュニケーションも取れていないこともあり、あらゆる面で情報共有ができず、仕事の効率も悪くなっています。

特に、注目していただきたいのが、優秀な社員ほど成長意欲が強いため、「この会社にいても成長できない」と感じて離職する傾向が高いことです。

結局、会社に残ったのはやる気のない"指示待ち"の社員ばかりということになりかねません。

多様化する時代に即した人材育成が必要

小さな会社にとって人を採用するだけでも一苦労です。

せっかく入社したと思っても、基本的な知識や技術が未熟だったり、コミュニケーションが苦手だったり、上からの指示を待つだけだったりと、人に関する悩みは尽きることがありません。

社員が言われたことだけやっていれば、利益が出るような時代は終わりました。

価値観が多様化する現代社会においては、さまざまな問題に対処しつつ、経営資源を最大限に活用し、お客様に価値や喜びを与えることを考えなければなりません。

　そのためには、社員1人ひとりが自発的に考えて行動できる人材にならなければいけないのです。

上司の仕事は部下を思い通りに動かすこと？

　上司の仕事は、組織の目標に向かって、部下の働き方を管理することだと思っている社長や上司は少なからず存在します。

　しかし、このような管理型のマネジメントを続けるほど、"指示待ち"社員を自分たちの手で増やしてしまう結果になりかねません。

　これでは混沌をきわめる現代社会において、社員の成長も期待できず、人材の枯渇状態に陥ることは簡単に予想できます。

　これまで社会でまかり通ってきた「どのように人を動かすか」とか「人をどう管理するか」といった"ヒト"をモノやコストのようにみなす「手法」が行き詰まりを迎えているのです。

　このような状況下で会社に求められているのは、いかなる環境に置かれようとも、**自発的に行動できる人材を育てる**ことです。

　人事制度という「人材育成ツール」を活用して、自分の意思で判断して行動できる人材を育てていきましょう。

２種類の「信頼」に着目しよう！

「いかなる組織も、信頼関係によって成り立つ」といっても過言ではありません。

この「信頼」には大きく分けて２つの要素があります。

１つは、知識や技能など、"能力"の高さにもとづく「**認知的信頼**」と呼ばれているものです。

もう１つは、思いやりや誠実さなど、"人格"の高さにもとづく「**感情的信頼**」と呼ばれているものです。

知識や技能が高く、能力的に信頼できる人であっても、思いやりや誠実さがなく、人格的に信頼がなければ、部下から信頼を得ることはできません。

わかりやすくいえば、人格という基盤があって、さらに能力が発揮されることで、本当の信頼が生まれるのです。

このことを、『７つの習慣』の著者であるスティーブン・R・コヴィー氏は、「信頼は"人格"と"能力"の掛け算である」と述べているように、能力的な信頼があっても、人格的な信頼がなければ、表面的な人間関係にならざるを得ないのです。

【信頼＝人格×能力】

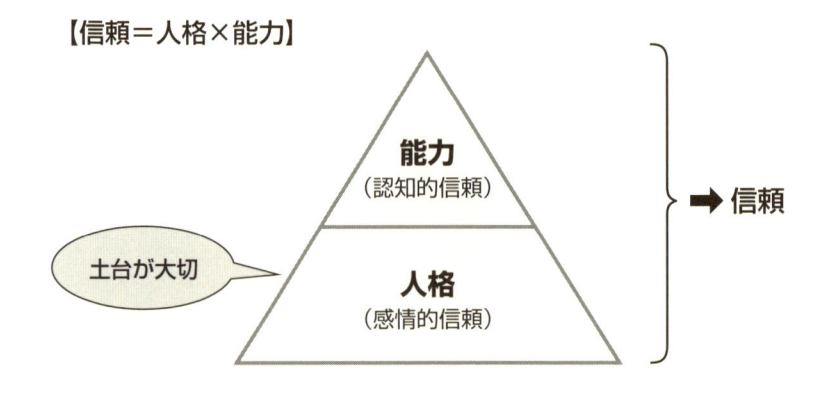

2章

人事制度の
現在の "立ち位置" を考える

2-1 「管理型マネジメント」から 「支援型マネジメント」へ

▣ モノづくりは「管理型マネジメント」で動いていた

一昔前までのモノづくりを中心とした時代においては、社長や上司から言われたことを確実に行なうことが重要視されていました。

たとえば製造業の場合、いかに短時間で、不良品が少なく、精度の高いものをなるべく多くつくれるかが優劣の条件でした。

業務を確実に実行するためには、しっかりと計画を立て、作業工程をマニュアル化し、社長や上司の指示や命令にもとづいて行動することが求められました。

個人の感情や考え方よりも、行動と結果にコミットして集団的な統制を重んじた管理を徹底したマネジメントが行なわれていたといってもよいでしょう。

▣ 情報化社会は「支援型マネジメント」で動く

時代は移り、現在は情報化社会になり、モノづくり中心の時代に必要とされた価値観は薄れつつあります。それに代わって、働き方改革やリモートワークの普及などにより、働き方の多様化が急速に進みました。

業務内容も情報化社会の進行とともに、より細分化かつ高度化しています。

このような状況で社員1人ひとりの「仕事ぶり」を細かく管理することには難しくなっています。

それにともない、マネジメントスタイルも社長や上司の指示や命令により部下が動く「管理型」から、社員1人ひとりが自発的に仕事に向き合うようにサポートする「支援型」へと変化しつつありま

す。

「支援型マネジメント」を理解するためには、まずは、「社員がどのような状態であれば自発的に仕事に向き合うのか」を常に考えていかなければなりません。

また、マネジメントスタイルの変化は当然、人事制度の内容にも変化をもたらします。

「人事評価の項目や基準はどうするのか」、「何をもって貢献と認めるのか」など、これまでの価値基準では判断が難しいことが次々と起こってきます。

「やる気」には種類がある？

人が「やる気」を発揮するためには動機が必要となります。

動機には、「**外発的動機づけ**」と「**内発的動機づけ**」の2種類があります。外部（社長や上司）からの動機づけと同時に目標も設定されて行動するのを「外発的動機づけ」といい、自分で自発的に目標を設定し、それを達成するために行動を持続させるのを「内発的動機づけ」といいます。

外発的動機づけとして、社長や上司が業務目標を社員に一方的に押しつければ、"やらされ感"が蔓延し、社員自身が抱いている仕事観と会社のビジョンとがかけ離れていれば、社員は離職を考えるかもしれません。

これに対して、内発的動機づけは、自分の内面から湧き上がる仕事に対する"情熱"です。

経営理念に共感を覚えるとさらに効果的です。そのうえで、社員の役割や目標を、社長や上司と一緒にすり合わせを行ないます。

そして、社員自身が目標に向かうプロセスを考えます。社長は要所ごとに適宜、社員に対してアドバイスや承認をするだけで、基本的には社員自身のセルフマネジメント（自己管理）に任せます。

社長と社員の関係性が満たされることで、社員自身が「不安感」

◎「外発的動機づけ」「内発的動機づけ」のメリット・デメリット◎

	メリット	
●短期間で効果が現われやすい ●わかりやすい方法なので誰にでも働きかけやすい	メリット	●生産性の向上につながる ●高いモチベーションが継続する
●効果が一時的である	デメリット	●社員によって価値観が異なるため標準化が難しい

を減らし、逆に「存在感」を感じることで、やる気が満たされ、自発的に行動を始めます。

　こうしたことの積み重ねにより、会社への帰属意識も高まるのです。このような人材のことを「**自立型人材**」といいます。社長や上司の役割は、ズバリ！「**自立型人材の育成**」といえるのです。

知っトク！

「自己効力感」と「自己肯定感」に着目しよう！

　自立型人材を育成するプロセスにおいて、社長や上司の「承認」はとても大切です。しかし、社員がある程度成長し、自分自身が上司となれば、承認される機会は徐々に少なくなります。

　そのため、他者からの「承認」の機会が少なくなったとしても、自分自身の仕事に対するモチベーションを維持するためには**自己効力感**と**自己肯定感**を高めることが大切となります。

　自己効力感とは、目標達成に対して、「自分ならできる」「きっとうまくいく」と思える感覚です。自分には目標達成できる力があると認識している状態をいいます。スタンフォード大学教授で心理学者のアルバート・バンジューラ博士によって提唱された概念です。

　自己効力感とよく似た概念に、自己肯定感があります。自己肯定感とは、無条件に「自分には価値がある」と思える感情です。「たとえ失敗しても、それでも自分には価値がある」と思っている状態をいいます。

　自己肯定感だけではなく、自己効力感も必要なのです。「自分ならできる！」と信じるから積極的にチャレンジができ、困難に直面しても「自分なら大丈夫！」とあきらめずにがんばれるのです。

自発的な行動に必要な「自己効力感」と「自己肯定感」

- 自己効力感…「自分ならできる」「きっとうまくいく」「自分なら大丈夫」という思い
- 自己肯定感…「自分には価値がある」「たとえ失敗しても、自分には価値がある」と思える感情

人事制度は、何のためにあるのか？

🏢 人事制度の見直しは、待ったなし？

人事制度を見直す理由の２つのケースについてみていきましょう。

【見直し理由①】価値観の多様化に対応するため

コロナ禍の影響で、テレワークやダブルワーク（兼業・副業）が社会にすっかり浸透しました。働き方改革により、短時間勤務制やフレックスタイム制など、多種多様な働き方も検討されています。

このような時代の流れに沿って、自分のライフスタイルに合った働き方を求める社員も増えています。

さらに、業務の細分化・専門化も加速しています。業務の細分化・専門化にともない、今後、社員に求められるスキルは、より専門性の高いものになっていくでしょう。

社員の仕事に対する価値観にも変化が生じています。

従来であれば、いったん就職すれば、「定年までずっとこの会社で働きたい」「家庭や趣味、地域社会の行事よりも会社のことを優先する」という社員が多かったと思います。

それが近年、特に若い世代を中心として、「会社は、自分の自己実現のための１つの要素にすぎない」という考え方が急速に広まっています。

人事制度においても、今後は、社員の就業時間や就業場所がバラバラなのが当たり前、そしてさまざまな価値観が存在することを前提として作成しなければなりません。

先行きが不透明な社会情勢のなか、社員の安心を確保するためにも、人事制度の見直しが急務となっているのです。

◎「会社中心」から「人生中心」へ◎

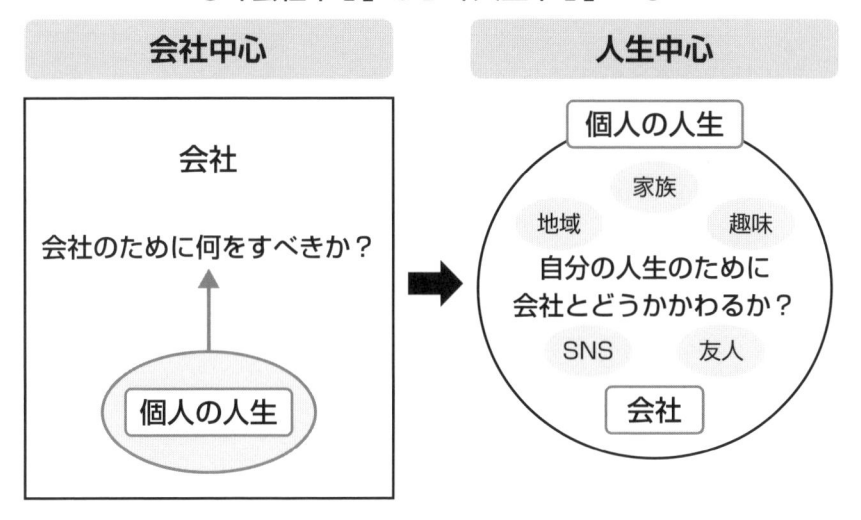

【見直し理由②】　自立型人材の成長に対応するため

　わが国の特徴的な雇用形態であった年功序列や終身雇用が終焉を迎えつつあります。

　小さな会社にとっては、昔もいまも、採用難・育成難・定着難に変わりはありません。どんなに受注があっても、社員の採用や育成、定着ができなければ「黒字倒産」だって珍しくはないのです。

　転職や再就職で人材の流動化が進むなかで、これまで以上に人材の確保と人材の育成に会社の存亡がかかっているといえます。

　さらに、現在は消費者ニーズの多様化、市場のグローバル化、そしてAIをはじめとした技術の進歩などにより、従来のビジネスモデルや生産方式だけでは、会社の競争力を維持することは難しくなっています。

　こうした先が見通せないなかで、これまでのように社長や上司から目標や指示を与えられ、決められた作業をこなすだけの「依存型」の社員が多ければ、今後も「人が育たない、定着しない」「社長や上司がいつも教えなければならない」状況は続きます。

◎「依存型人材」と「自立型人材」の違い◎

依存型人材	自立型人材
●失敗を恐れる	●失敗を糧にする
●問題を避ける	●問題に向き合う
●不満を探す	●不満がない
●他人に責任を転嫁する	●自分で責任を取る
●他人との競争	●自分との競争

　会社が持続的に成長していくためには、予測が難しい状況でも社会の変化に柔軟に、自発的に対応できる自立型人材の育成が急務となるのです。

　そのためには、人事制度を単なる評価や処遇を決めるためだけから、社員の成長を確認し、さらなる成長を促すための「育成ツール」として活用しなければならないのです。

◎「依存型人材」から「自立型人材」へ◎

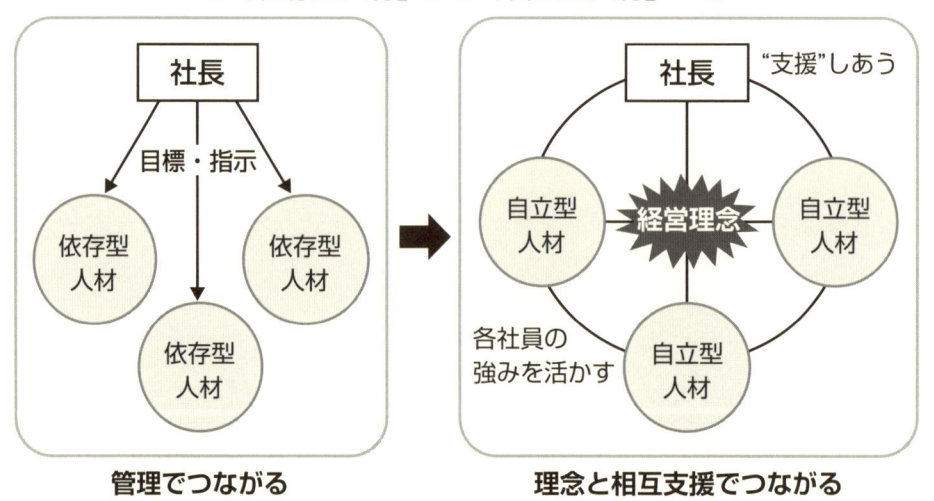

管理でつながる **理念と相互支援でつながる**

🏢 人事制度の目的とは？

　会社の経営資源は、「ヒト・モノ・カネ・情報」と表現されますが、「モノ・カネ・情報」をどのように活かすかは、人的資源である「ヒト」が"カギ"を握っています。

　さまざまな経営課題を突き詰めていくと、最終的には「**組織は"ヒト"なり**」と結論つけることができます。

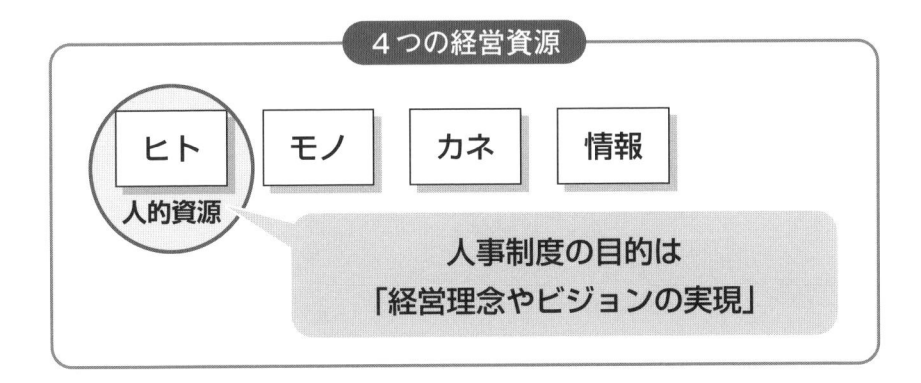

４つの経営資源

ヒト　モノ　カネ　情報

人的資源

人事制度の目的は
「経営理念やビジョンの実現」

　人事制度の目的は、「**経営理念やビジョンの実現**」です。

　そのためには、社員の成長段階を確認し、強みや改善点を明らかにしながら社員を育成しなければなりません。

　人事制度とは、経営理念に沿って、「社員としてどう行動すべきか」「会社としてどのように社員を育成していくのか」について、人的資源の活用の観点から制度化したものともいえます。

　「社員としてどう行動すべきか」「会社としてどのように社員を育成していくのか」を具現化するためには、「**経営理念→人事制度→人材育成**」が１本の軸でつながって、同じ方向に向かっていることが大切となります。

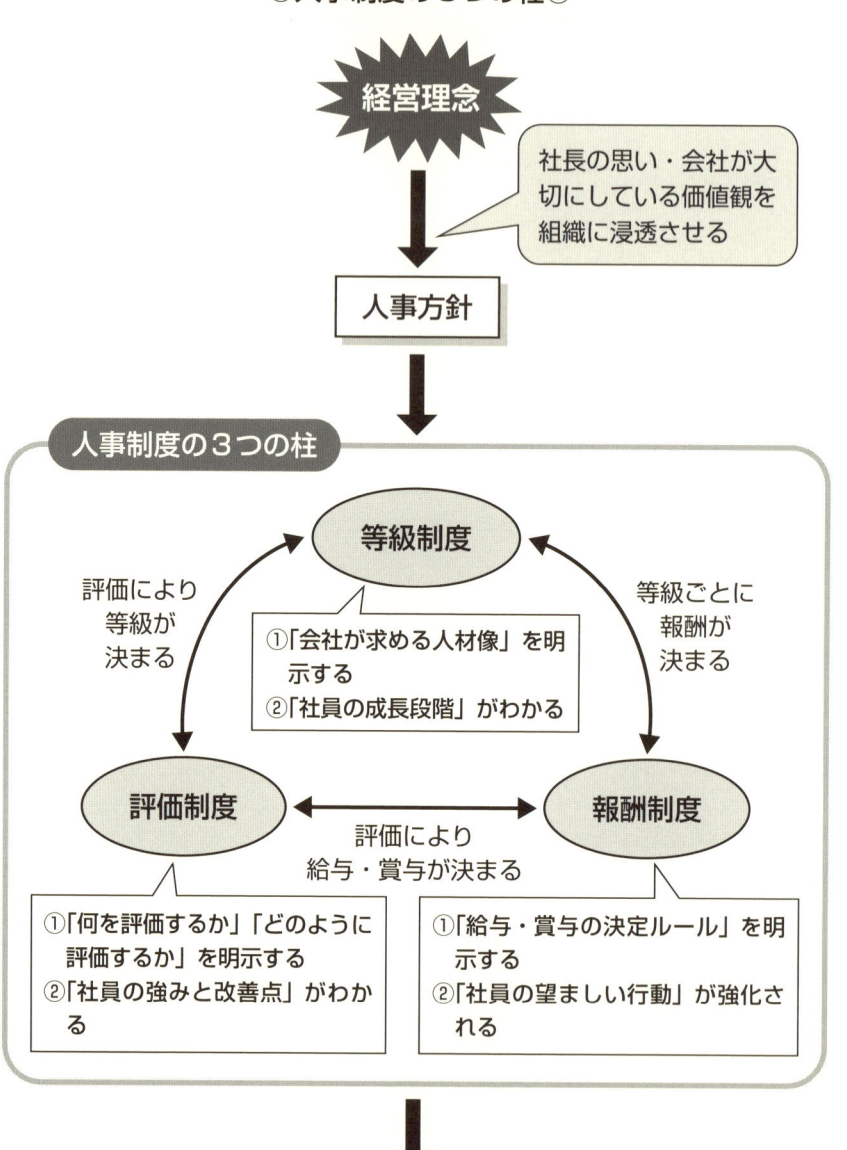

◎人事制度の３つの柱◎

経営理念

社長の思い・会社が大切にしている価値観を組織に浸透させる

↓

人事方針

↓

人事制度の３つの柱

等級制度

評価により
等級が
決まる

等級ごとに
報酬が
決まる

①「会社が求める人材像」を明示する
②「社員の成長段階」がわかる

評価制度 ← 評価により給与・賞与が決まる → **報酬制度**

①「何を評価するか」「どのように評価するか」を明示する
②「社員の強みと改善点」がわかる

①「給与・賞与の決定ルール」を明示する
②「社員の望ましい行動」が強化される

↓

経営理念やビジョンを実現するために
社員の成長段階を確認し育成する

2-3 人事制度をつくる 7つのステップ

🏢 人事制度の「しくみ」を整理しよう！

　いよいよ、ここから本書のメインテーマである、人事制度のつくり方をご紹介します。その前に、まずは、人事制度のしくみを整理しておきましょう。

　"広義な" 人事制度としては、社員の募集・採用、配置・異動、育成・教育、福利厚生などのルールやしくみを指します。

　"狭義な" 人事制度としては、本書で取り上げる「**等級制度**」「**評価制度（考課制度ともいわれています）**」「**報酬制度（賃金制度や給与制度ともいわれています）**」の3つの要素から成り立っています。

▶**等級制度は、社員を"能力""職務""役割"などに応じてランク付けをするしくみ**

　等級制度には、主に「**職能資格制度**」「**職務等級制度**」「**役割等級制度**」の3つの種類があります。

　等級制度は、社員に対する責任や権限、処遇の根拠となるもので、ランク付けした等級によって給与や処遇が定められるため、人事制度の骨格ともいえる制度です。

　等級制度によって社員は、「会社が求める人材」や「社員の成長ステージ」を知ることができます。

▶**評価制度は、一定期間における社員の成果や行動、仕事に対する姿勢などを評価するしくみ**

　会社のビジョンや人事方針に沿って「何を評価するか（評価項

目）」、「どのように評価するか（評価基準）」を明示することで、社員の行動を方向づけます。評価結果は、等級の格付けや報酬に反映されるケースがほとんどです。

評価制度によって役割に対する貢献度や能力の発揮を通して、社員がもつ強みや改善点を把握することができます。

▶報酬制度は、役割に対する貢献度や能力発揮などの対価として、「どのように給与や賞与を決定するか」を明らかにしたしくみ

報酬には、賃金や賞与の他に退職金や福利厚生も含めることができます。報酬制度によって、社員は適正な報酬を得ることができます。

社員の行動がしっかりと評価され、報酬として適正に還元されると、「もっとがんばろう」という意思が働き、さらなる行動強化につながります。

🏢 7つのステップの基本的な流れ

それでは、人事制度をつくるための7つのステップを説明しましょう。基本的な流れは、

【準備】 → 【設計】 → 【運用】

となります。

【準備】の段階は、ステップ1：「プロジェクトチーム」を立ち上げる／ステップ2：「経営理念」を確認する／ステップ3：「現状分析」を行なう、になります。

【設計】の段階は、ステップ4：「等級制度」を設計する／ステップ5：「評価制度」を設計する／ステップ6：「報酬制度」を設計する、になります。

【運用】の段階は、ステップ7：制度を「明文化・周知」する、になります。

人事制度をつくる7つのステップ

【準備】

ステップ1：「プロジェクトチーム」を立ち上げる

ステップ2：「経営理念」を確認する

ステップ3：「現状分析」を行なう

【設計】

ステップ4：「等級制度」を設計する

ステップ5：「評価制度」を設計する

ステップ6：「報酬制度」を設計する

【運用】

ステップ7：制度を「明文化・周知」する

「エンゲージメント」に着目しよう！

◆ 職場における「エンゲージメント」とは

　エンゲージメントとは、「契約」「約束」「誓約」などを意味する言葉です。職場で用いられる場合は、「会社に貢献したい」という社員の自発的な貢献意欲を指し、「愛社精神」「愛着心」「思い入れ」とも訳されています。

　社員1人ひとりが会社に愛着をもち、会社と社員が一体となってお互いに成長し合う関係をイメージするとよいでしょう。

　終身雇用の崩壊にともなって転職や再就職による人材の流動化が急速に進むなかで、会社としては「いかに貢献度の高い社員を引きとめられるか」が問われます。

　そのために、貢献度の高い社員が満足する職場環境をめざして、近年、エンゲージメント（社員の会社に対する愛着心）に着目する会社が増えています。

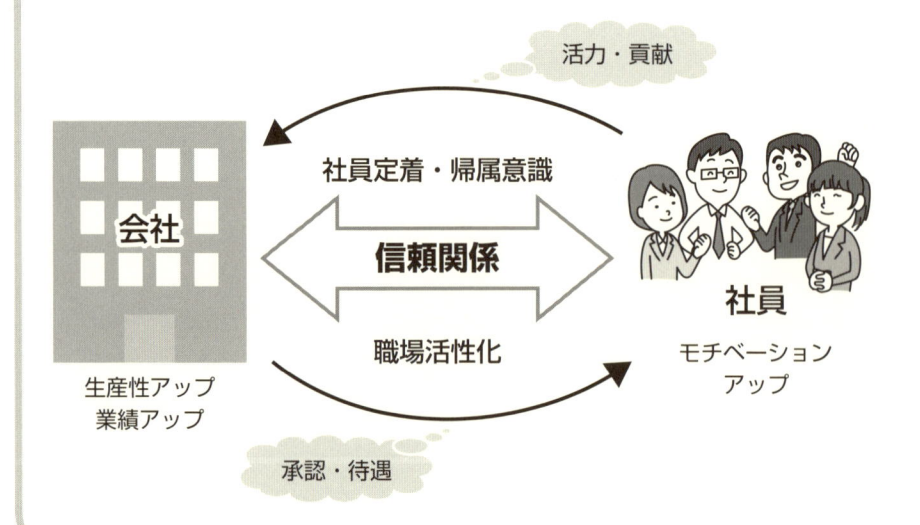

◆ 「エンゲージメント」を向上させる３つの方法

エンゲージメントを高めるために、小さな会社でも高いコストをかけずに取り組むことができる、３つの具体的な方法について紹介します。

１つ目は、「**経営理念を明確にして共有をめざす**」ことです。

社員が経営理念に共感していれば、「会社に貢献したい」という思いは強くなります。

そのため、「わが社は何のために働くのか」「わが社はどこに向かおうとしているのか」という経営理念を明確にして、それに共感する組織をつくっていくことが大切です。

社員が経営理念に共感すると、会社に対して愛着をもつようになるため、自発的に行動する社員が増えてきます。その結果、会社の生産性向上といった効果が期待できるのです。

２つ目は、「**納得感のある人事制度をめざす**」ことです。

社員の立場に立てば、どんなに一生懸命に働いても正当な評価を得られなければ、会社に貢献しようというモチベーションは湧かないものです。

そのために、会社は、公平性の高い人事評価、成長度合を実感できるキャリアプランを準備しなければなりません。

エンゲージメントを向上させるためには、目標達成や成果だけを評価するのではなく、「経営理念の体現度」や「目標・成果に至るまでのプロセス」を人事評価の項目に加えてもよいでしょう。

また、金銭面だけではなく、表彰制度を取り入れてもよいでしょう。

社員の小さな努力や行動であっても、しっかりと承認することが、エンゲージメントの向上につながるのです。

3つ目は、「**コミュニケーションを活発に行なう**」ことです。

　社内のコミュニケーションを活発に行ない、仕事の円滑化が進めば、生産性の向上につながります。

　たとえば、社長や上司に話しかけにくい雰囲気があれば、部下はわからない点があっても、質問することに躊躇してしまいがちです。そのことで改善機会を逃したり、組織全体の業務が滞ったりすることがあります。

　コミュニケーションを活発に行ない、社内で進捗状況をこまめに共有することで、ミスの未然防止と迅速なサポートができるようになります。

　そもそも「一緒に働いている人のことをよく知らない」という状態では、不安感があり、組織への愛着ももちにくいものです。

　そのためにも、コミュニケーションを活発にし、人的関係性を深めることが大切です。たとえば、社員の承認欲求を満たすために、感謝の言葉を紙に書いて贈り合うサンクス（ありがとう）カードや定期的なランチミーティング、1on1、社内ＳＮＳの活用などもコミュニケーションの活発化には有効です。

　コミュニケーションを活発にすることで、社員にとって居心地のよい職場づくりをめざしましょう。その結果、社員の帰属意識も高まり、定着率の向上につながるのです。

3章

準備：ステップ1

「プロジェクトチーム」を
立ち上げる

最初が肝心!
「誰と? どのように進めるのか?」を決める

🏢 プロジェクトメンバーを決める

　人事制度を新たに導入する場合であっても、大幅な見直しを行なう場合であっても、日常業務の延長ではなく、プロジェクトを組み、計画を立てて集中して取り組むことをおすすめします。

　人事制度について"ゼロベース思考"で取り組んだほうが、新鮮なアイディアが出てくるものです。

　プロジェクトチームをつくり、さまざまな意見を出し合う環境を社内につくることが大切です。

　最初は、メンバー間で好き嫌いや意見の対立による混乱を招くことがありますが、徐々にお互いの意思疎通が図れるようにプロジェクトリーダーは導かなければなりません。

　プロジェクトというプロセスを経ることで、「自分の意見をしっかり伝えることができる」という心理的安全性を確保することが、人事制度の設計・運用がうまくいくための第一歩となります。

　最初に決めるのは、「**プロジェクトメンバーを誰にするか**」です。

　一般的には、人事を担当する責任者が"旗振り役"を務め、各部門の現場を熟知した担当者がプロジェクトメンバーとなって進めていくのですが、希望者を募ったり、次世代リーダー候補者を推薦によって取り込んだりすることもあります。

　小さな会社の場合、プロジェクトを仕切るリーダーが育っていないことが往々にしてあります。

　結局、すべての業務を一番熟知しているのは社長という可能性が高いので、社長は必ずプロジェクトメンバーとなるのが望ましいで

しょう。

ただし、社長があまり発言しすぎると、プロジェクト会議が社長の"独演会"になって、社員から意見が出にくくなってしまうことがあります。

社長の発言は、要所ごとにとどめ、"聞き役"に徹したほうがプロジェクトは順調に進みます。

社長以外のメンバーとしては、各部門の責任者、たとえば営業部長や工場長、経理課長といった現場の責任者がいいでしょう。

人数が多くても意見がまとまりません。逆に少なすぎると、意見に幅が出てきません。

したがって、小さな会社であれば、社長とあわせて3〜5名でプロジェクトを進めるのが妥当ではないでしょうか。

なお、役職にとらわれず、社長の"右腕"と思われている社員と二人三脚で進めてもよいですが、他の社員の"妬み"が心配です。

また、「メンバーは社長だけ」や「メンバーは役員だけ」というのもおすすめできません。

なぜなら、これから日常の忙しい時間を工面して、最短でも3〜6か月間、"チーム"で人事制度の作成に取り組むことになります。そして、プロジェクトのメンバーには、人事制度の活用時に"先導役"として活躍してもらうからです。

目的と方針を確認する

プロジェクトメンバーが決まったら、
「なぜ、人事制度をつくらなければならないのか」
「どうして、いま、人事制度の見直しを行なう必要があるのか」
など、人事制度作成の目的と今後の方針について、メンバーに対して、社長自身がていねいに語りかける必要があります。

人事制度作成が順調に進むかどうかは、「社長の言葉にメンバーがどれだけ共感するか」にかかっているといってもいいでしょう。

　人は心から納得できないことには本気になれません。

　難しい言葉や哲学は不要です。

「社員を育てる組織にしたい」

「社員が育つ会社にしたい」

「社員に "やりがい" を見つけてもらいたい」

「仲間と一緒に仕事ができる喜びを感じてもらいたい」

　といったように、社長が日ごろから心のなかで思っていることをメンバーに率直に伝えてください。

　そうはいっても、人事制度は、社員を評価したり、給与を決めたりするものでもあります。

　社長がどんなに「人事制度は社員育成のツールです」と語りかけても、「結局は評価して給与や賞与を決めるんでしょ！」と冷めた表情のメンバーは必ずいるものです。

　このような社員の思いや意見は【ステップ3：現状分析を行なう】で忌憚なく発言してもらうことにして、【ステップ1】の段階では、社長の思いや考え方をそのまま率直にメンバーに伝えることに心を砕きましょう。

　さらに、プロジェクトを進めるにあたって、メンバーに守ってほしいことを「心構え」として共有します。

　たとえば、以下のような文書を作成して配付するのもよいでしょう。

> # プロジェクトメンバーの心構え
>
> - 会議では、傍観者にならないようにしましょう！
> - 会議では、役職の上下関係は無視しましょう！
> - 会議では、活発に発言しましょう！
> - 会議では、自分のことだけではなく、みんなのためになることを考えましょう！
> - 会議では、他のメンバーの発言は途中で遮らず、最後まで聞きましょう！
> - 会議では、他のメンバーの発言にケチをつけないで、「自分だったらどうするか」という代替案を出しましょう！
> - 会議で見聞きした給与やプライベート情報は、絶対に他言しないでください！

🏢 タイムスケジュールを決める

　人事制度作成のプロジェクト期間は、一般的にはおおむね6か月から1年です。

　小さな会社がプロジェクトを組む場合は、"プロジェクト慣れ"していない社員もいることを想定して、つくり始めたら一挙にゴールまで駆け抜けましょう。

　「とりあえず"形として"つくってみる、そして微調整する」のイメージで進めてください。

　プロジェクト会議は、1回あたり2〜3時間で、月2回、約6か月で完成をめざしましょう。

　なお、「まずは評価制度を運用して、社員が人事制度に慣れてきたら、次の段階として評価と報酬を連動させることを考える」という2段階の人事制度の作成もお勧めです。

	実施内容	1か月目	2か月目
準備	ステップ1：「プロジェクトチーム」を立ち上げる	→	
	ステップ2：「経営理念」を確認する		
	ステップ3：「現状分析」を行なう		
設計	ステップ4：「等級制度」を設計する		
	ステップ5：「評価制度」を設計する		
	ステップ6：「報酬制度」を設計する		
運用	ステップ7：「明文化・周知」する		

「評価と報酬を連動させなければ人事制度ではない」ということはありません。人事制度は「社員育成のためのツール」ですから、段階を踏んだ取り組みであってもかまわないのです。

また、「人事制度をつくるのに半年もかけられない。2、3か月でつくりたい」という相談を何度となく受けました。

どんなにシンプルな人事制度といえども、「等級制度」「評価制度」「報酬制度」を数回の会議でまとめることは難しいのではないでしょうか。

むしろ、人事制度作成プロジェクトを、「さまざまな意見を出し合って、会社の方向性を考える機会」「言いたいことが何でも誰に対しても言い合える人間関係をつくる場」ととらえてはいかがでしょうか。

参考までに人事制度作成のステップに応じた完成までのスケジュール例を上表にあげておきました。9か月目に完成させるという例です。

	3か月目	4か月目	5か月目	6か月目	7か月目	8か月目	9か月目
→→							
	→→						
		→→					
			→→→				
					→→→		
							→→

　前述しましたが、プロジェクトのメンバーは、人事制度の運用時に"先導役"として活躍してもらうことが考えられます。

　そのためには、社長の思いや考え方をしっかりと受け入れるための時間が必要なのです。

　「一体感をもつ」という言葉が独り歩きしていることがあります。一体感をもつためには、「何のために行なうのか」が共有されていなければなりません。

　「何のために」がメンバー1人ひとりの心に響くことで、やりがいや使命が生まれます。

　「人事制度を作成すること」を目的にしてはいけません。

　いま一度、今回の人事制度プロジェクトが「何のためなのか」「誰のためなのか」をしっかりと確認のうえ、進めていきましょう。

小さな会社の「プロジェクトチーム」はこうする！

①プロジェクトメンバーは、社長の他に「あと２名（部長クラス１名、課長クラス１名)」を選びましょう。

> プロジェクトメンバーは、
> 社長と○○営業部長、○○経理課長とする。

②タイムスケジュールを考えてみましょう。期間は「６か月間」が短くもなく長くもなく、適度な緊張感が持続できます。評価制度と報酬制度の作成は、それぞれ「２か月間」がおすすめです。

◎人事制度作成プロジェクトのスケジュール◎

	月	月	月	月	月	月
チームメンバー選び						
経営理念						
現状分析						
等級制度						
評価制度						
報酬制度						
明文化・周知						

4章

準備：ステップ2

「経営理念」を確認する

4-1 「経営理念」が存在しているケース

🏢 「経営理念」はつくってあるけど…

「会社にはすでに経営理念はあります」という場合、まずは、以下の質問に答えてみましょう。

Q1：社員の皆さんは、何も見なくても経営理念をいえますか？
Q2：社員の皆さんの行動に「うちの会社の社員らしいね」「理念に沿った行動だよね」と感じることがありますか？
Q3：経営理念があることで、社外からの信頼を得られているなと思うことがありますか？

実は、この質問は、経営理念の浸透度を確認するためでもありますが、それと同時に、「経営理念」を「人事制度」と読み替えることで、人事制度の活用度もおおむね確認することができます。

経営理念が浸透していれば、人事制度もそれなりに活用されているケースが多く、経営理念が額に入って壁にかかったままの状態であれば、人事制度もつくってはみたものの、そのうち"お蔵入り"というケースが多いのです。

🏢 「経営理念→人事制度→人材育成」を1本の軸でつなげる

経営理念は壁にかけてあるだけでは社内に浸透しません。

社員1人ひとりが日常の業務を通じて"意識"しなければ、行動に表われることは期待できません。

経営理念は、「会社は何のために存在するのか」「会社は何をめざしているのか」「会社は何を大切にしているのか」という"存在意義"

"方向性""価値観"を表わしたものです。

　人事制度は、経営理念に沿って、「社員としてどう行動すべきか」「どのように社員を育成していくのか」について、人的資源の活用の観点から制度化したものです。

　「社員としてどう行動すべきか」「どのように社員を育成していくのか」を具現化するためには、「経営理念→人事制度→人材育成」が１本の軸でつながって、同じ方向に向かっていることが大切です。

　経営理念や人事制度の方向性が違えば、社員は何を信じればよいのでしょうか。

　たとえば、経営理念で「和を尊重する」と掲げられているにもかかわらず、人事制度では個人の成果主義的要素が取り入れられていれば、社員は社長に対して不信の念を抱くのは時間の問題です。

　人事制度の形だけを整えても、人事制度の本来の目的や役割が曖昧であれば、人事制度としての効果は期待できないでしょう。

　「なぜ、人事制度をつくらなければならないのか」「なぜ、人事制度を見直すのか」、そして「人事制度を活用して何を成し遂げたいのか」──、人事制度の基幹制度である「等級制度」「評価制度」「報酬制度」の設計の前に、まずは、会社の方向性や価値観を確認することから始めなければならないのです。

「経営理念」を
これからつくるケース

📋 「経営理念」とは

前述のように、経営理念とは、「会社は何のために存在するのか」「会社は何をめざしているのか」「会社は何を大切にしているのか」という "存在意義" "方向性" "価値観" を表わしたものです。

そして、経営理念の実現のために、「社員としてどう行動すべきか」「どのように社員を育成していくのか」といった人事方針があり、本書のテーマである人事制度もここに含まれます。

経営理念を簡潔にいえば、「人を幸せにすること」、そして「社会に貢献すること」です。その手段として会社という組織があるのです。

それでは、「経営理念とは何か」を具体的に整理してみましょう。

経営理念は、「ミッション」「ビジョン」「バリュー」の3つの要素で成り立っています。

● 「ミッション」とは、経営理念を構成する要素の核となるもので、「会社は何のために存在するのか」という "存在意義" や果たすべき使命を表わしたものです。
会社のゆるぎない "信念" を示し、組織の結束を強くします。

● 「ビジョン」とは、「会社は何をめざしているのか」という "方向性" を表わしたものです。
経営理念の核であるミッションを実現するために、ビジョンで会社の "将来像" を示し、組織に希望を与えます。

◎「経営理念」の３つの要素◎

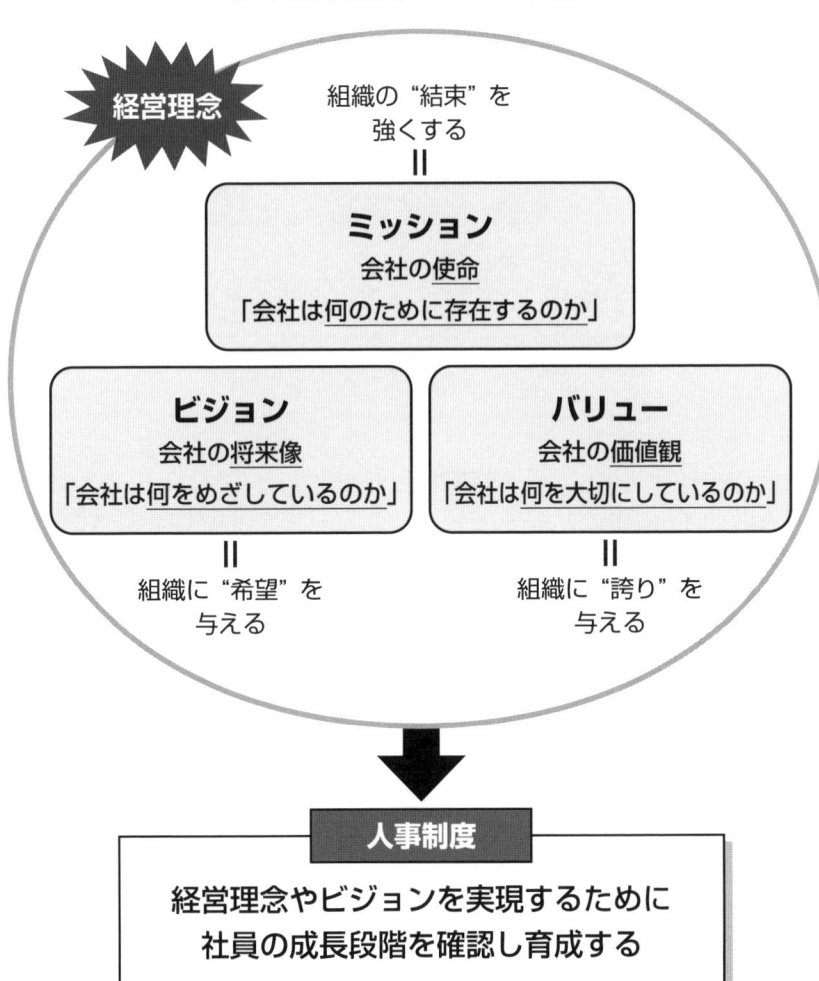

経営理念

組織の"結束"を
強くする
‖

ミッション
会社の使命
「会社は<u>何のために</u>存在するのか」

ビジョン
会社の将来像
「会社は<u>何をめざしている</u>のか」

‖

組織に"希望"を
与える

バリュー
会社の価値観
「会社は<u>何を大切にしている</u>のか」

‖

組織に"誇り"を
与える

人事制度

経営理念やビジョンを実現するために
社員の成長段階を確認し育成する

● 「バリュー」とは、「会社は何を大切にしているのか」という"価値観"を表わしたものです。

ビジョンに向かうプロセスにおいて、会社が社員に対して意識してもらいたい価値観や判断基準を示し、組織に誇りを与えます。

「経営理念」をつくる3つのメリットとは

「経営理念」をつくるメリットとしては、以下の3つがあげられます。

> 「経営理念」をつくる3つのメリット
>
> ①意思決定の「判断軸」となる
> ②社員の「モチベーションアップ」につながる
> ③社外の「信頼」を得ることができる

1つ目は、意思決定の「**判断軸**」となることです。

仕事上、社長はもちろんのこと、社員であっても意思決定を迫られる場面がたびたび発生します。

このときに、経営理念が社内に浸透していれば、意思決定に迷ったときでも的確な判断を行なうことができます。しっかりとした判断軸があることで、判断にブレがなくなり、組織としての一体感を生むことができるのです。経営理念が社内に浸透することで、会社の考え方や方向性を共有することができます。

逆にいえば、社内で考え方や方向性が共有できていなければ、各社員がバラバラな判断に沿って行動するようになってしまいます。

2つ目は、社員の「**モチベーションアップ**」につながることです。

めざすべき目的や目標がなければ、会社としての方向性が見えにくいので、社員のモチベーションが高まることは難しくなります。

経営理念によって、会社の存在意義や方向性を示すことで、社員1人ひとりが仕事への情熱や使命を呼び覚まし、仕事に対するやりがいを得るキッカケとなります。

3つ目は、社外の「**信頼**」を得ることができることです。

経営理念を会社案内やホームページなどのＳＮＳを通して発信することで、会社のイメージアップにつなげることができます。会社の方針や社会貢献に関する考え方を社内で共有するだけではなく、社外へも発信することで、お客様やステークホルダーからのイメージアップ、さらにはブランディング効果も期待できます。

また、経営理念にもとづく採用コンセプトを打ち出すことで、経営理念に共感した人材が応募してくる流れをつくることができ、入社後のミスマッチ防止や定着率の向上につなげることもできます。

さらに、経営理念を社外に発信することで、社長はもちろんのこと、全社員が常に社外からの視線を意識するようになります。

この意識を習慣化することで、経営理念に沿って行動する責任感が生まれると同時に、会社に対する帰属意識も高まってくるのです。

「経営理念」はどのようにつくるのか

経営理念の作成は、オリジナリティを出そうと意気込みすぎると、気持ちが空回りして社員にも伝わりにくいものになってしまいます。まずは、オーソドックスな方法でつくることをおすすめします。

「経営理念」をつくるための４つのステップ

【STEP１】 他社を参考にしてイメージをつかむ
【STEP２】 社長自身の考えを書き出す
【STEP３】 ３〜５つの案をつくってみる
【STEP４】 納得できるようにブラッシュアップする

▶【STEP１】他社を参考にしてイメージをつかむ

経営理念を一からつくることは、大変な作業となります。そこでおすすめなのが、他社の経営理念を参考にして、まずは、イメージをつかむことです。

多くの会社が自社の経営理念をホームページなどの公式サイトに

掲載しています。業績好調の会社、社長の考えに好感をもっている会社など、まずは「これはいいな」「この内容をわが社にも取り入れたいな」と思ったものをピックアップしてみましょう。

　業績好調の会社や社会的に認められた社長の率いる会社の経営理念には、わかりやすさなど、アピールポイントとして教わる点がたくさんあります。

　まずは、他社の "よいお手本" から学ぶことが大切です。

▶【STEP 2】社長自身の考えを書き出す

　経営理念のイメージをつかめたら、次は、社長自身の考えを言葉にしてみましょう。具体的には、次の3つの質問に対する答えを思いつくまま書き出してみましょう。

Q1：会社は何のために存在するのか？（会社の"存在意義"を考えてみましょう）

Q2：10年後、会社はどのような会社になっていたいのか？（会社の"方向性"を考えてみましょう）

Q3：会社は何を広めたいのか？（会社の"価値観"を考えてみましょう）

　経営理念の3要素であるミッション・ビジョン・バリューの内容を、自問自答することになります。

▶【STEP 3】3～5つの「案」をつくってみる

　【STEP 1】でピックアップした他社の実例と【STEP 2】の質問に対する答えをもとにして、「経営理念の素案」をつくってみましょう。

　このときのポイントは、いきなり1つに絞らないことです。少なすぎると物足りなさを感じてしまい、多すぎるとまとまりにくくなってしまうので、3～5つ程度がおすすめです。

なお、いくつかの素案を見比べ、「この言葉は取り入れたい」といったキーワードがあれば、抜き出してください。

▶【STEP4】納得できるようにブラッシュアップする

　【STEP3】で作成した複数の案をもとにして、具体的な「経営理念（案）」をつくってみましょう。この時のポイントは、社員やお客様にとってわかりやすい表現になっているかどうか、共感を得ることができるかどうかです。

　「経営理念（案）」ができた頃はまったく気づかなかったことでも、しばらく時間をおいて再確認することで、足りない言葉やあいまいな言葉、付け加えたい言葉などが見つかることもあります。

　また、社員や信頼できる第三者に意見を求めることもおすすめです。何度もブラッシュアップすることで、自分たちの会社だけの使命や役割に気づくことがあります。

　実は、そこに気づくこと、そして、いままで以上に使命や役割を果たしていくことで、「自社の強み」を育てていけるのです。

　経営には必ず"軸"が必要になってきます。

　自分の心に軸があると気持ちが安定してブレません。会社も同じです。

　会社にとって、この軸となるものこそが「経営理念」なのです。社長自身が心から納得した経営理念をつくってみましょう。

4-3 「経営理念」を浸透させる ３つの方法

🏢 「経営理念」は"絵にかいた餅"が多い

何度もブラッシュアップすることによってようやくつくり上げた経営理念も、社員に浸透しなければ意味はありません。

多くの会社で経営理念は掲げられていますが、ベテラン社員から新入社員に至るまで浸透している会社がどれくらいあるでしょうか。社員どころか、残念なことに社長ですら"うろ覚え"という会社もあります。

インターネット上では、「経営理念の社内浸透に関するアンケート調査」がいくつも掲載されていますが、どの調査でも「経営理念が職場に浸透しているとは思わない」という回答がおおむね半数以上を占めているのが現状です。

それだけ、経営理念はつくってあるだけで、社員はほとんど興味を示さないものと化しているのでしょう。

だからこそ、経営理念をしっかり浸透させることで、他社にはない、自社オリジナルの魅力的な制度をつくることができるのです。

🏢 「経営理念」が浸透しない３つの理由と改善方法

では、せっかくつくった経営理念が、なぜ浸透しないのでしょうか。ここでは、経営理念が浸透しない３つの理由と、その改善方法を説明します。

特に、経営理念があるにもかかわらず、"お蔵入り"状態であれば、社員の心は冷ややかです。もしかすると、その事実を一番感じているのは、他でもない社長自身かもしれません。

しかし、「これなら使える！ 人事制度」をつくるためには、ここを避けて通ることはできません。

「経営理念」が浸透しない３つの理由と改善方法

①社長自身が言行不一致だから浸透しない
　　→社長が率先垂範して「見本」になる
②会社が本気で浸透させようとしていない
　　→経営理念を「アピールする機会」をつくる
③経営理念にもとづいたしくみが確立していない
　　→経営理念の考えを取り入れた「しくみ」をつくる

以下、視点を改善方法に置いて説明します。

１つ目は、**社長が率先垂範して「見本」になる**ことです。

社員の働く目的が経営理念と重なり合う部分があることで、社員は経営理念に対して共感することができます。共感を得られるかどうかは、経営理念の内容だけではなく、経営理念の一番の実践者でもあるべき社長自身の仕事観や人生観にあります。

社長が先頭に立って経営理念の"旗振り役"にならなくてはならないのです。その社長の姿勢に共感できてこそ、社員にとって経営理念の内容も実践対象となるのです。

これは、社長として、最も大切な仕事の１つといっても過言ではありません。

２つ目は、**経営理念を「アピールする機会」をつくる**ことです。

経営理念を浸透させるためには、さまざまな方法を使って「浸透するまでやり続ける」しかないのです。

たとえば、毎週１回、朝礼の際に、経営理念について思っていることを発表しあったり、人事評価のフィードバック面接や部署のキックオフミーティングなどで経営理念について考える時間を設けたり、社内報やハンドブック、理念行動事例集などを作成したり…、

とにかく経営理念と接する場数を増やすことが大切です。

　3つ目は、経営理念の考えを取り入れた「しくみ」をつくることです。

　経営理念を浸透させるためには、社内のルールや制度も整備しなければなりません。

　具体的には、社内の就労に関する"ルールブック"である「就業規則」や社員の育成を担う「人事制度」などは、経営理念の考え方を取り入れてつくるには、最適の"ツール"といえるでしょう。

　就業規則や人事制度をバラバラに作成するのではなく、内容に統一感をもたせることで、会社の方向性や価値観が理解でき、経営理念の浸透もより深まることになります。

　経営理念は、意思決定の「判断基準」、日常の業務を行なう際の「行動基準」になるものですから、就業規則や人事制度に反映することは、むしろ理にかなった浸透方法といえるでしょう。

4-4 小さな会社の「経営理念」はこうする！

①会社の「経営理念」を作成する前に、まずは、社長自身の思いや考えを整理してみましょう。（新たな発見があるかもしれません！）

1）あなたが人として大切にしていることは何ですか？（価値観）

2）あなたは何をめざしていますか？（将来像）

3）あなたの働く目的・人生の使命は何ですか？（存在意義）

---

②いよいよ、「経営理念」の作成です。

【STEP 1】他社の理念で「いいな」と思うものをピックアップしてみましょう。

●

●

【STEP2】社長自身の考えを書きだしてみましょう。

1) <u>会社として大切</u>にしていることは何ですか？（価値観）

2) <u>会社</u>は何をめざしていますか？（将来像）

3) <u>会社</u>の存在する目的や使命は何ですか？（存在意義）

【STEP3】 3つの案をつくってみましょう。（「何のために・何を通じて・何がしたいか」を考えるとわかりやすいと思います）

●

●

●

【STEP4】納得できるまで何度もブラッシュアップしてみましょう。完成したら信頼している人物に見せて、感想を聞いてみましょう。

5章

「現状分析」を行なう

自社を客観的にとらえる

「現状分析」の目的とは

　経営理念を確認した後は、【ステップ3：現状分析】を行ないます。

　人事制度を設計する前に、会社の現状を踏まえたうえで、具体的にどのような問題や課題があるのか、そのまま放置しておくとどのようなリスクがあるのかを洗い出す作業になります。

　プロジェクトも、このプロセスになるとメンバーの思いや考え方も把握できる段階だと思いますが、ここぞとばかり、日常の不平不満をあげつらうメンバーもいるかもしれませんので、冷静な判断が大切になります。

　ここでは、"感覚的""主観的"にとらえるのではなく、**"定量的"**
"客観的"にとらえるために、人件費や給与額といった「数値化できるデータ」を活用することをおすすめします。

「現状分析」の4つの視点

　「現状分析」は、主に以下の4つの視点で行ないます。

　これらの分析結果を視野に入れて、人事制度の設計に取りかかりましょう。

現状分析の4つの視点

① 人件費をチェックする
② 人員分布をチェックする
③ 賃金水準をチェックする
④ "仕事""組織"に関する問題点や課題をピックアップする

1つ目は、「**人件費をチェック**」しましょう。

　「業績と人件費のバランス」をチェックします。具体的には、1人当たりの売上高や労働分配率で判断します。

　2つ目は、「**人員分布をチェック**」しましょう。

　年齢や役職、等級、職種といった区分による人員分布を見える化し、人員に偏りや過不足が発生していないかをチェックします。

　3つ目は、「**賃金水準をチェック**」しましょう。

　「社内における公平性」と「社外における競争力」の2つの視点から給与水準の問題をチェックします。

　前者は、「貢献度合いに応じた給与になっているか」「等級や役職にふさわしい給与になっているか」、後者は「世間水準や業界水準、地域相場と比較して魅力的な給与水準になっているか」などで判断します。

　4つ目は、「**"仕事""組織"に関する問題点や課題をピックアップ**」しましょう。

　具体的には、①現行の制度が経営理念を反映したものになっているか、②人事制度はどの程度運用されているのか、③"仕事""組織"に関する問題点や課題（たとえば、リーダーシップがない、コミュニケーション不足、定着率が低い、人手が足りない、会社の強み・弱み、業界の実情、市場トレンドなど）について意見を出し合ってみましょう。

　社員アンケート調査やヒアリング調査を行なってもよいでしょう。

人事制度の「トレンド」に着目する

主流は成果主義型から役割主義型へ

人事制度の主流は、1970年代は「年功主義型」、1980年代は「職能主義型」、1990年代は「成果主義型」を経て、2000年代以降は「**役割主義型**」になりつつあります。

人事制度の移り変わりをまとめると、以下のようになります。

年代別、主流となった人事制度の特徴

- 1970年代：「年功主義型」…終身雇用を基本として、勤続年数や年功により給与が決まります。
- 1980年代：「職能主義型」…社員がもっている能力を評価しますが、報酬は年功序列が主流です。
- 1990年代：「成果主義型」…仕事の成果をもって評価します。成果を重視するあまり、チームワークが弱くなるなどの問題も多く、役割主義型に移行する会社が増加中です。
- 2000年代以降：「役割主義型」…会社から期待される役割にもとづく行動を評価し、その結果に応じて報酬が決まります。

成果主義型は、仕事の成果や結果に応じて、評価が決まるしくみです。

しかし、成果や結果だけに執着するケースやチームワークをおろそかにするといった弊害も目立つようになったため、2000年代以降、役割主義型の導入が増えています。

成果主義型は、「どれくらい結果を出したか」が重視されますが、役割主義型では「しっかりと役割を果たす行動をしたか」が問われ

ているのです。

🏢 注目を集めている「トレンド」の特徴を理解する

　人事制度に関する新たな手法が近年、外資系をはじめとして採用されるケースが増えてきました。

　そのなかで、特に注目を集めている5つの手法について紹介しましょう。

バリュー評価	バリュー評価は、「会社のバリュー（価値観）に合った行動をしているかどうか」を評価する手法です。たとえ大きな成果を上げたとしても、会社のバリューに合った行動でなければ高い評価は得られません。バリュー評価を通じて、会社の方針を浸透させ、会社の方針と合致した行動による貢献を評価対象とすることが、バリュー評価のポイントです。ただし、数値で明確に評価しにくいため、主観の入らない工夫が必要です。
360度評価	360度評価は、直属上司以外の社員（同僚や部下）も評価を行なう手法です。さまざまな視点から多角的、客観的な評価が実現することで、上司が見えていない部分も評価対象とすることができます。取引先の評価が加味されるケースもあります。また、パワハラやセクハラなど、職場のハラスメント防止のためにも、360度評価の有用性が注目されています。
リアルタイムフィードバック	リアルタイムフィードバックは、その名のとおり、気づいたときにリアルタイムで、フィードバックする手法です。従来から行なわれている年に1〜2回のフィードバックでは、過去の記憶が曖昧になり、ビジネス環境の変化に柔軟に対応できませんでした。リアルタイムフィードバックは、上司が部下の働きぶりをこまめにフィードバックできるため、課題発見から改善までのサイクルを早めることで、社員の成長を促します。ただし、フィードバックの頻度が多

	すぎると、上司と部下、双方に負担がかかるため、適切な頻度の見極めが必要です。
ノーレイティング	ノーレイティングは、より頻繁なフィードバックと目標設定を通じて、社員を評価する手法です。従来の評価制度では、年に1〜2回、「S・A・B・C・D」などのランク付けによって評価していました。ノーレイティングでは、ランク付けの代わりに、月に数回、上司と部下が1対1で定期的に面談を行なう「1on1」などを通して、目標設定や達成を支援し、フィードバックを重ねたうえで成果を評価します。評価は行なうが、等級を用いた格付けは行なわないのが特徴です。
ピアボーナス	ピアボーナスは、ピア（≒同僚）間で日々の感謝を伝え合い、ボーナス（≒報酬）を贈りあう手法です。成果だけでなく、プロセスも評価することで、仲間の貢献やがんばりを知ることができ、モチベーションの向上やコミュニケーションの活性化を通して、良好な人間関係の構築につながります。

「トレンド」を取り入れるメリットとデメリット

　「わが社でも人事制度のトレンドを取り入れたい」という会社を想定して、ここではトレンド手法を取り入れるメリットとデメリットを確認しておきましょう。

　まず、メリットとしては、**組織の生産性が向上する**ことが期待できます。

　従来の人事制度のような社長から社員に対する一方的な評価やフィードバックでは、社員の人事制度に対する納得感が低く、さらには社長に対する不信を招く恐れがあります。

　トレンド手法では、会社の価値観に合った行動を求めたり（バリュー評価）、社長が見ることができない部分も評価対象としたり（360

度評価)、働きぶりをこまめにフィードバックしたり（リアルタイムフィードバック）、コミュニケーション不足を解消したり（ノーレイティング）、社員間で感謝を伝え合ったり（ピアボーナス）することで心理的安全性が高まります。

その結果、組織の生産性が向上することが期待できるのです。

逆に、デメリットとしては、**ベテラン社員からの反発が起きやすい**ことです。

「長年、会社に貢献してきた」という自負のあるベテラン社員ほど、人事制度の見直しや新たな手法に反発を示しやすいものです。

優秀な人材の離職にならないように、新たな人事制度の導入に際しては、現行の問題点、将来のビジョンを共有しながら、根気強く進めていくことが大切となります。

小さな会社の「現状分析」はこうする！

①年齢や役職、等級、職種といった区分での人員分布を見える化し、**人員に偏りや過不足が発生していないか**をチェックしましょう。

②次に、「給与水準」をチェックしてみましょう。**社内における公平性**と**社外における競争力**の2つの視点からチェックしましょう。

1）社内における公平性…「**貢献度に応じた給与かどうか**」「**等級や役職にふさわしい給与かどうか**」など。

2）社外における競争力…「**業界水準、地域相場と比較**して魅力的な給与水準かどうか」など。

③3つ目は、「会社の問題点や課題をピックアップ」しましょう。

1) **経営理念**に関する問題点や課題は何か

2) **人事制度**に関する問題点や課題は何か

3) その他 **"仕事" "組織"** に関する問題点や課題は何か

「心理的安全性」に着目しよう！

◆ 「心理的安全性」とは

心理的安全性とは、「チームのメンバー1人ひとりがそのチームに対して、気兼ねなく発言できる、本来の自分を安心してさらけ出せる、と感じられるような場の状態や雰囲気」のことをいいます。

もともとは、1999年にハーバード大学のエイミー・エドモンドソン教授が提唱したものです。

近年、心理的安全性の注目が高まっている背景には、2012年から4年間にわたりGoogle社が行なったプロジェクトが影響しています。このプロジェクトでGoogle社は、180のチームを選別して、チームの生産性について研究しました。

その結果、効果的なチームに必要なのは、「チームに優秀なメンバーがいるか」よりも「チームのメンバーがいかに協力しているか」であることが突き止められたのです。

さらに、効果的なチーム、つまり、生産性の高い組織に「メンバー個々の能力や働き方、仕事量、在職期間はほとんど重要ではなかった」という見解は、人事制度の設計や運用を考えるうえで注目に値するものといえます。

なお、心理的安全性を"ぬるま湯体質"と間違ってとらえられることがあります。

"ぬるま湯体質"は、居心地のよさを優先したり、メンバーとの対立を避けるために相手の誤りを指摘しなかったり、自分の発言を踏みとどまったりする状態を生み出してしまいます。

心理的安全性が満たされた職場では、意見の対立があっても、人間関係が崩壊したり、相手から拒絶されたりすることなく、生産性の向上のために活発なコミュニケーションを行なったり、お互いに協力し合うの

です。

◆ 「心理的安全性」を高める３つのメリット

　では、心理的安全性は測定可能なのでしょうか？

　これに関しては、前述のエドモンドソン教授が「7つの質問」を提唱しています。

　7つの質問に1～5段階（あてはまらない～あてはまる）で回答します。Q1・Q3・Q5はスコアが低いほうが、Q2・Q4・Q6・Q7はスコアが高いほうがよいと判断します。

「心理的安全性」を測定する7つの質問

Q1：チーム内でミスをすると、よく非難される

Q2：チームのメンバー内で、課題や難しい問題について指摘し合える

Q3：チームのメンバーは、異質な意見を受け入れない、拒絶することがある

Q4：チームに対して、リスクが考えられる行動を取っても安全である

Q5：チーム内のメンバーに助けを求めにくい

Q6：チーム内に自分を意図的におとしめたりするようなメンバーはいない

Q7：チームで仕事するときには、自分のスキルが尊重され、活かされていると感じる

　心理的安全性が高まることで組織にさまざまなメリットをもたらしますが、ここでは特徴的な3つについて説明します。

①社員のパフォーマンスが向上する
②社内のコミュニケーションが活発になる
③社員の帰属意識が高まり定着率が上がる

　１つ目は、**社員のパフォーマンスが向上する**ことです。
　心理的安全性が高まると、お互いが尊重し認め合う環境になります。さまざまな意見やアイディアが出され、自分の意見を発言できる安心感もあり、仕事に対する意欲が高まり、社員個々のパフォーマンスが向上します。

　２つ目は、**社内のコミュニケーションが活発に**なることです。
　心理的安全性が高まると、不安を感じることなく積極的に発言できるので、業務を進めるうえで欠かせないさまざまな情報を共有しやすくなります。
　また、組織にとってマイナスとなる情報も共有することで、課題や問題の早期発見につながります。

　３つ目は、**社員の定着率が上がる**ことです。
　心理的安全性が高まると、人間関係に関する悩みが生まれにくくなります。積極的に発言でき、自分の能力も発揮しやすく、悩んだときは気軽に相談できる社内環境が整います。
　この環境下で「この会社でずっと働きたい」という気持ちが強まることで、社員の定着率も上がります。

6章

設計：ステップ4

「等級制度」を設計する

「等級制度」の特徴を理解する

🏢 「等級制度」とは

　等級制度は、人事制度の3つの柱である「等級制度」「評価制度」「報酬制度」の1つです。

　等級制度は、社員を "能力" "職務" "役割" などに応じてランク付けをするしくみです。

　わが国における主な等級制度としては、基準となる "能力" "職務" "役割" の違いにより、**「職能資格制度」「職務等級制度」「役割等級制度」**の3つの種類があります。

　等級制度は、社員に対する責任や権限、処遇の根拠となるもので、ランク付けした等級によって給与や処遇が定められるため、人事制度の骨格ともいえる制度です。

　等級制度によって社員は、「会社が求める人材」や「社員の成長ステージ」を知ることができるので、自分自身のキャリアアップの目標を定めることにも役立ちます。

🏢 「等級制度」の目的とは

　等級制度の主な目的をわかりやすくまとめると、次の2つがあげられます。

「等級制度」の目的

①社員の「処遇を決定する基準」にする
②社員の「キャリアアップの基準」にする

1つ目は、「社員の処遇を決定する基準にする」ためです。

等級制度によって、各等級に達するための基準が明確にされます。基準を満たし、各等級に達することで、等級にもとづいた給与や役職が決まります。

また、等級制度によって、処遇の基準が明確になることで、社員の納得感を高めることも期待できます。

2つ目は、「社員のキャリアアップの基準にする」ためです。

等級制度によって、各等級に達するための基準が明確になることで、今後さらに、社員が等級を上げてキャリアアップしていくために、社員自身が今後どのようなスキルや経験を身につけ、どのような人材になっていけばよいのか、イメージしやすくなります。

人は、自分自身で「やるぞ！」と決めたことには真剣に取り組むものです。

等級制度により、社員が自発的にキャリアイメージをもつようになり、キャリア目標に向けた行動を促す効果が期待できるのです。

社員の役割と成長段階を明確にする「役割等級制度」

わが国の代表的な３種類の「等級制度」

　等級制度については、いくつも種類がありますが、わが国において代表的なものとしては、前述した「職能資格制度」「職務等級制度」「役割等級制度」の３つがあげられます。

　まずは、それぞれの制度の特徴を理解しておきましょう。

◎３つの等級制度の"基準"の違い◎

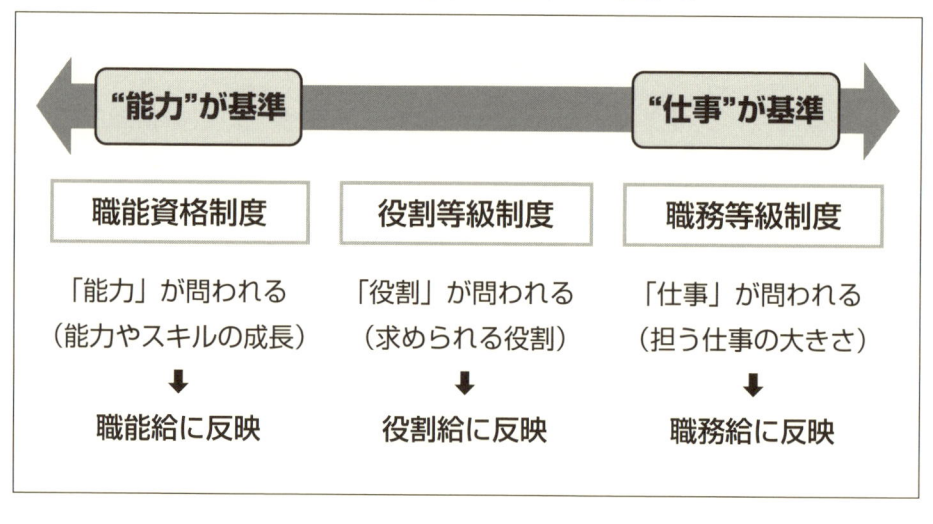

【職能資格制度】

　職能資格制度は、社員を"能力"によって評価し、等級付けする制度で、別名「メンバーシップ型等級制度」とも呼ばれています。

　社員の能力が勤務年数や経験によって上がることを前提としていることが多いため、年功序列の傾向が強いのが特徴です。

　わが国の雇用慣行である新卒一括採用や終身雇用と相性がよいの

で、わが国では最もメジャーな等級制度といえます。わが国に固有の人事制度ともいわれ、わが国の高度経済成長を支えてきた制度でもあります。

職能資格制度のメリットとしては、終身雇用と相まってジョブローテーションを行ない、多種多様な業務を経験するため、**ゼネラリストを育成しやすいこと**があげられます。

熟練工のように"長年の経験と勘"が重要視された**製造業に適している**といえます。

職能資格制度のデメリットとしては、年功序列の傾向が強いために、優秀な若手社員のなかには能力や貢献度に合った評価を受けることができず、**モチベーションが低下**したり、**離職につながったり**してしまうことがあります。

さらに、社員が高齢化する可能性も高く、そうなれば、**人件費の高騰**につながってしまいます。

【職務等級制度】

職務等級制度は、"仕事（職務）"によって評価し、等級付けする制度で、別名「**ジョブ型等級制度**」とも呼ばれています。

あらゆる職務とそれを遂行するために必要な知識や熟練度、権限・責任、危険度、身体的・精神的負荷などを「**職務記述書**」（ジョブ・ディスクリプション）に記載して、その内容をもとにして処遇が決定されます。職務記述書に記載された職務を遂行できれば、基本的には誰もが同じ給与となるのが特徴です。

働き方改革の一環である「同一労働・同一賃金」の考え方と同じと考えればよいでしょう。

職務等級制度は、もともとは欧米、特にアメリカにおいて発達した制度です。

年齢や経験、真面目さや助け合いといったわが国で尊重される価値観は考慮されず、担う仕事が大きいほど報酬も高くなります。

職務等級制度のメリットとしては、**職務の価値と業績に対して公**

平な評価を行なうことができることがあげられます。

　そのため、職務の価値と業績が明確に判断できて、専門性が高い職務をこなすことができる**スペシャリストを育成する**には適した制度といえます。

　職務等級制度のデメリットとしては、前述のようにあらゆる職務とそれを遂行するために必要な知識や熟練度、権限・責任、危険度、身体的・精神的負荷などを職務記述書に記載する必要があり、この作業が**非常に煩雑であり**、**多くの時間と労力**がかかります。さまざまな等級、職務ごとに、それぞれの仕事内容を理解する必要があるからです。

　また、新しい職務が発生した場合には、そのつど、職務記述書に追加する必要があります。

　わが国において、職務等級制度の導入数が増加しない最大の理由がここにあります。

　さらに、人事異動などにより職務変更がなければ、給与の上限が決められていることも多いため、**社員のモチベーションが低下**すること、**優秀な社員の転職**といったリスクも考えられます。

【役割等級制度】

　役割等級制度は、"役割の大きさ"によって評価し、等級付けする制度で、別名「**ミッショングレード制**」とも呼ばれています。

　職能資格制度のように経験や勤続年数に応じた能力ではなく、求められた役割を果たせる人が評価されるため、昇進意欲の高い社員のモチベーション向上につながります。

　また、職務等級制度同様、"仕事"を基軸とした等級制度ですが、職務等級制度のようにあらゆる職種の職務記述書を作成する必要はありません。役割等級制度は、日本型の職能資格制度と欧米型の職務等級制度のメリットを融合したような制度です。

　比較的シンプルでわかりやすい内容のため導入しやすく、近年、わが国で急速に導入が進んでいます。

◎職能資格制度・職務等級制度・役割等級制度の違い◎

等級	基準	役職
5		部長・工場長
4		課長・所長
3		主任
2		
1		

"能力" を基準とすると「職能資格制度」
"仕事" を基準とすると「職務等級制度」
"役割" を基準とすると「役割等級制度」

3種類の「等級制度」のメリット・デメリット

　小さな会社が等級制度を導入する場合は、役割等級制度を採用するケースが多くなると予想されますが、当然、役割等級制度にもメリットだけではなく、デメリットがあります。

　3種類の等級制度のメリット・デメリットについては各制度の説明でも触れましたが、あらためて整理すると以下の表のようになります。

	メリット	デメリット
職能資格制度	●人事異動や職務変更がしやすい ●分野や職種を問わず導入しやすい ●複数事業を展開しても統一感を保ちやすい	●明確な評価基準がなければ、公平な評価が期待できない ●等級と貢献度にズレが生じやすい ●年功序列的運用になりやすい

	●キャリアイメージがつかみやすい ●社員の帰属意識が高まりやすい	●人件費が高騰する可能性がある ●若手社員のモチベーションが上がりづらい
職務等級制度	●明確な評価基準を設けやすいので、公平な評価が期待できる ●職務内容に対応する給与を明確にできる ●職務内容とのミスマッチが少ない ●優秀な社員を採用しやすい ●スペシャリストの採用や育成に適している	●成果が主な評価基準となるので、勤勉さや助け合い等が評価に反映されにくい ●職務記述書の作成が煩雑すぎる ●職務が固定化しやすく、組織が硬直化する ●チームワークが取りづらい ●職務が変わらない限り、給与も上がらない ●優秀な社員の離職リスクが高くなる
役割等級制度	●社員の役割が明確である ●社員の主体性が高まりモチベーション向上につながりやすい ●公平な評価が期待できる ●役割の大きさと給与が対応している ●職務分析のような詳細な設定が不要 ●社員を効率的に育成できる	●制度設計に手間がかかる ●人事配置によっては社員のモチベーションが下がることがある ●組織の急成長や再編があれば制度の見直しが必要となる ●運用実績が少ないので、会社によって考え方にバラつきがある

なぜ小さな会社に「役割等級制度」が合うのか

　小さな会社では、社長が社員の日ごろの働きぶりを評価して、"どんぶり勘定"で給与や賞与を決めていることが往々にしてあります。

　「評価シート」を活用していても、結局は"鉛筆なめなめ"で処遇が決められている会社がたいへん多いのが現状です。

　この"流れ"を断ち切るためには、従来の職能資格制度や職務等級制度を用いてもうまくいく可能性は低いといわざるをえません。

　職能資格制度は、年功序列や終身雇用を前提とした時代であれば、その役割を果たすことができました。しかし、転職によるキャリア形成が当たり前となりつつあるいまの時代に、年功序列や終身雇用はそぐわないのです。

　さらに、社員の高齢化に伴う人件費の高騰を避けることができないので、会社にとっては効率的な等級制度とはいえなくなってきたのです。

　一方、職務等級制度は、前述のようにわが国で尊重されてきた真面目さや社員同士の助け合いといった価値観は考慮されにくく、また、導入する際の必須アイテムである職務記述書を作成する作業は非常に煩雑であり、多くの時間と労力がかかるので、小さな会社が取り組むにはハードルが高すぎるのです。

　職能資格制度が時代の流れにそぐわなくなりつつあり、職務等級制度もわが国の多くの社員が抱く仕事観と合わなくなっているなかで、広まりを見せているのが役割等級制度なのです。

　役割等級制度は、会社が社員に対して期待する行動を"役割"（ミッション）として定義し、役割の等級（グレード）に応じて処遇を決める制度です。

　役割等級制度においては、社員の年齢や勤続年数、過去のキャリアにかかわらず、「求められる役割を果たしたかどうか」で評価することになります。

役割等級制度は、1980年後半にアメリカで始まったとされています
が、欧米ではあまり普及していません。むしろ、わが国において、
従来から導入されてきた職能資格制度と職務等級制度の特徴を併せ
もった制度として広まりつつあります。

　しかし、職能資格制度や職務等級制度のように定義もしっかりと
確立していないため、実際の運用はそれぞれの会社によって異なる
のが現状です。したがって、**役割について社内でしっかりと議論す**
ることが大切となります。

　会社から求められる役割が明確になれば、社員自身がめざすべき
キャリア目標に照らしながら、「どのような役割を果たせば評価が
高くなるのか」「その役割を果たすために何が必要か」を自発的に
考えて行動する社員が育ってくるのです。

6-3 「等級制度」は 5つのステップでつくる

■ 【STEP1】「種類」を決める

　まずは、「職能資格制度」「職務等級制度」「役割等級制度」それぞれのメリット・デメリットを考慮しながら、自社に合った制度を決めます。基本的には、1種類を選択します。

　また、一般職層は社員の育成を目的にして職能資格制度、管理職層は役割と責任の大きさを自覚してもらうことを目的として役割等級制度のような組み合わせを考えてもよいでしょう。

　ただし、管理が少し複雑になりますから、マンパワーが望めない小さな会社であれば、お好みの1種類を選択するのが無難です。

■ 【STEP2】「成長ステージ」を決める

　導入する等級制度の種類を決定したら、次に社員の成長ステージを考えてみましょう。

　等級名は「1等級・2等級・3等級…」とするのが一般的ですが、社員の成長ステージは「一般職・指導職・管理職」や「スタッフ・リーダー・マネージャー」など、いろいろな名称で呼ばれています。

　「これが正解！」という決まりはありませんので、自分たちにとってしっくりくる名称を決めてください。

　また、インターネット上でもさまざまな呼び方が紹介されていますので、検索してみましょう。

◎社員の成長ステージの呼び方◎

管理職層（Manegerial position）
（マネージャー層(Manegerial position)・
上級（Advanced）など）

↑

指導職層（Leadership position）
（リーダー層(Leadership position)・
中級（Intermediate）など）

プロフェッショナル層（Professional）
（スペシャリスト（Specialist）・
エキスパート層（Expert）など）

↑　↗

一般職員（General position）
（スタッフ層（Staffのこと）・
初級（Biginner）など）

【STEP3】「キャリアの複線化」を検討する

　キャリアの複線化とは、複数のキャリアコースを設定する人事管理の制度です。

　キャリアの複線化を導入すれば、社員自らがキャリアコースを選択できるため、自発的なキャリア形成の幅が広がります。

　キャリアの複線化のコース設定は、次ページ表のようにさまざまなパターンに分けられます。

　キャリアの複線化には、いくつかのパターンとともに、実務上「専能職」「専門職」「専任職」の違いを見つけるのが難しいのが現状です。

　ここでは、「一般社員→主任→課長→部長」と昇進する「マネジメントコース」に対し、専門的な知識やスキルを使って会社に貢献するコースを「プロフェッショナルコース」と呼ぶこととします。

　プロフェッショナルコースは、部下を持たず自分のペースで営業活動を行なう「営業専門職」や、職人気質で技術の研鑽に一生懸命

◎キャリアの複線化のコース設定パターン◎

①キャリア志向	社員の「キャリアに対する志向」に応じてキャリアを選べるコースです。勤務地や職務を問わず、幹部層をめざす「総合職」、勤務地や職務が限定される「一般職」、特定の分野に特化した専門性を追求する「専能職」などがあります。
②適性	社員の「適性」に応じてキャリアを選べるコースです。マネジメントを主な職務とする「管理職」、特定の分野の職務を専門的に行なう「専門職」、特定の分野の知識や技術を現場で発揮する「専任職」などがあります。
③職種	社員の「職群」に応じてキャリアを選べるコースです。法務や企画、経理、マーケティングといった職務内容ごとに「専門職」を分類することで、ひとつの職種に特化した人材として育成できます。

励む「技術専門職」などのために設定されるコースです。

　キャリアの複線化のメリットとしては、
● 社員のモチベーションを高めやすい
● 専門的な知識や技術を蓄積できる
● 社員のライフスタイルに合ったキャリア選択ができる
ことがあげられます。

　一方、キャリアの複線化のデメリットとしては
● 導入時に時間やコストがかかる
● 評価の基準や方法が複雑になる
ことがあげられます。

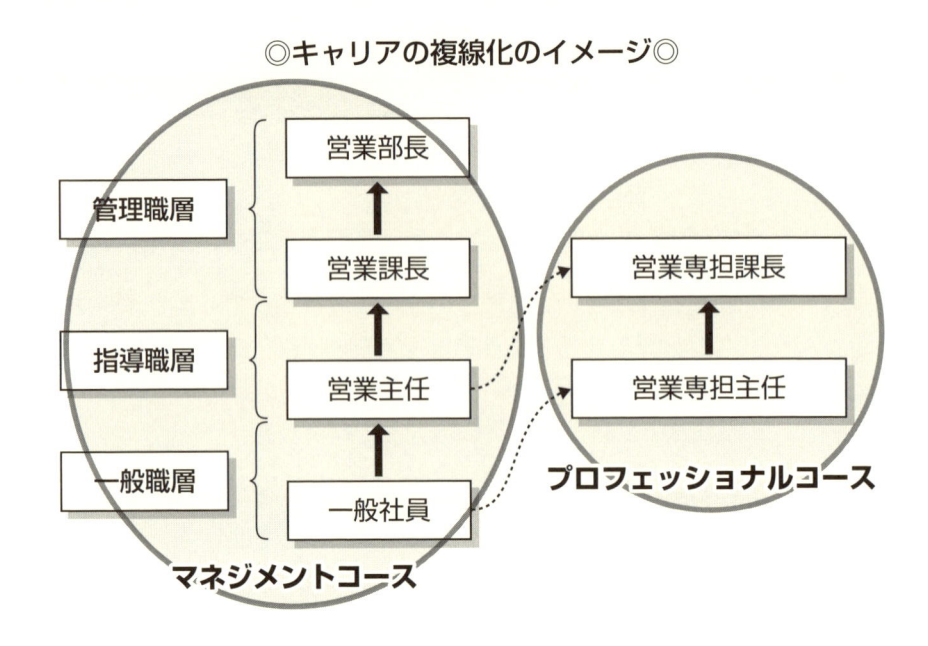

◎キャリアの複線化のイメージ◎

【STEP4】「等級数」を決める

　成長ステージを決め、キャリアの複線化を検討した後は、等級数を決めます。

　等級数が多すぎると等級の違いが曖昧になり、少なすぎると能力差がある社員が同じ等級内に混在する可能性も考えられます。

　いずれにしても「格付け」の根拠が薄いものとなってしまい、社員の納得性は下がってしまいます。

　等級数が適切でなければ、十分な効果は期待できません。中長期的な3〜5年後を想定して等級数を考えましょう。

　等級数の目安としては、「管理職層は2〜3階層、一般職層は3〜4階層」です。

　成長ステージを考慮すると、小さな会社であれば、「管理職層は1〜2階層、一般職層は2〜3階層」が実態に近いのではないでしょうか。

◎等級数が多い場合・少ない場合◎

【等級数が多い場合】

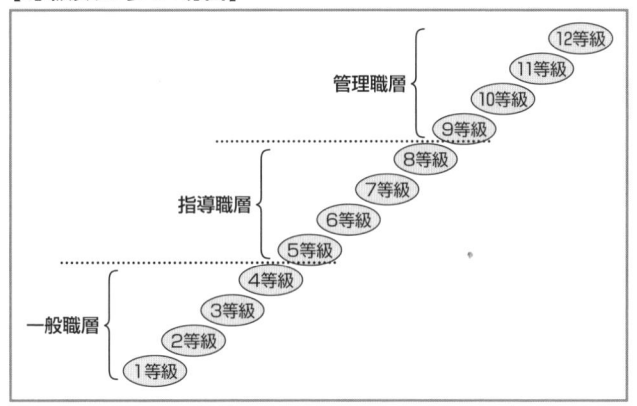

メリット

昇格する機会が多いのでモチベーションが高まる

デメリット

等級の違いが曖昧になる

【等級数が少ない場合】

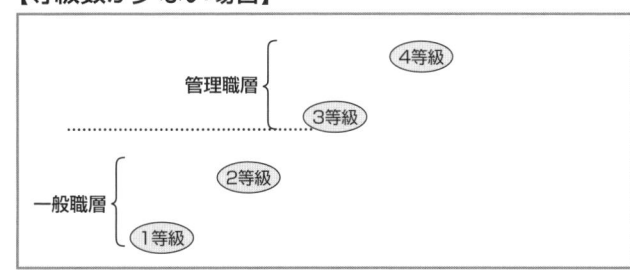

メリット

役職と連動することが多くわかりやすい

デメリット

昇格する機会が少ないのでモチベーションが高まらない

　たとえば、担当する職務の未経験者が中途採用で入社して、３年程度がんばれば、社長から「今度入社する新人の指導をお願いできるか？」と激励されリーダーになり、そこでも役割をしっかり果たせば、いよいよ管理職として次のステージへ、となります。

　その頃には会社も成長して、社員の成長ステージも「一般職層は２階層、指導職層は１階層、管理職層は２階層」のように合計５つの等級で成り立っているかもしれません。

【STEP5】「各等級の定義」を決める

　等級数が決定したら、等級ごとの定義を決めます。

　職能資格制度であれば会社が求める能力、役割等級制度であれば

【等級基準表のイメージ （ 創業期 〜 社員10名 ）】

ステージ	等級	等級定義	
指導職層	2等級	担当業務が一人前かつ後輩へのアドバイザー	・基本的業務を滞りなく、ほぼ独力 ・担当業務の課題を自ら発見し、解 ・難易度の高い業務にも挑戦し、新 ・後輩へ積極的にアドバイスを行な
一般職層	1等級	指示業務の遂行	・上司の具体的な指示や同僚のサポ ・失敗しても、最後まであきらめ ・しっかりとした言葉使い、清潔な ・社内ルールや約束ごと、期限、時

【等級基準表のイメージ （ 社員10 〜 20名 ）】

ステージ	等級	等級定義	
管理職層	3等級	部門の責任者	・経営理念に基づく総括的な経営管 ・部門目標の立案、実行推進、進捗 ・会社の目標達成に向けて、他部門 ・新規業務や新技術の立案を行なう
指導職層	2等級	担当業務が一人前かつ後輩へのアドバイザー	・基本的業務を滞りなく、ほぼ独力 ・担当業務の課題を自ら発見し、解 ・難易度の高い業務にも挑戦し、上 ・後輩へ積極的にアドバイスを行な
一般職層	1等級	指示業務の遂行	・上司の具体的な指示や同僚のサポ ・失敗しても、最後まであきらめ ・しっかりとした言葉使い、清潔な ・社内ルールや約束ごと、期限、時

が、強い組織づくりには必要で
"育つ" ことです。

各等級で求められる仕事レベル（役割や責任）を明確にしましょう。

等級基準	対象役職
力でこなす。 解決、改善する。 新規業務や新技術の立案を行なう。 なう。	チーフ
ポートを受けながら、基本的業務を行なう。 ずに業務を行なう。 な身だしなみなど、気を配る。 時間を守る。	―

です。創業期であって
でしょう。現時点で各
ことが大切です。

役職名は例示です。リーダー、マネージャーなど。

等級基準	対象役職
管理業務を遂行する。 渉管理を行なう。 門と協力しながら部下の力を結集させる。 う。	工場長 部長
力でこなす。 解決、改善する。 上司の指示やサポートを受けながら行なう。 なう。	課長 所長
ポートを受けながら、基本的業務を行なう。 ずに業務を行なう。 な身だしなみなど、気を配る。 時間を守る。	―

会社の業績向上や社員数の増加によっては、基準表の見直しが必要となる[...]
等級の基準表をつくってもいいでしょう。現時点で各等級に該当する社員が[...]

【等級基準表のイメージ（ 社員20 ～ 30名 ）】

ステージ	等級	等級定義	等級基準（求めら
管理職層	5等級	部門の統括責任者	・経営理念に基づく総括的な経営管理業務を遂行[...] ・部門目標の立案、実行推進、進捗管理を行なう。 ・部門目標の達成に向けて、メンバーへ的確かつ[...] ・会社の目標達成に向けて、他部門と協力しなが[...] ・会社および部門予算を把握し、コスト管理を行[...]
	4等級	部署の統括責任者	・部署目標の立案、実行推進、進捗管理を行なう。 ・部署目標の達成に向けて、メンバーへ的確かつ[...] ・会社の目標達成に向けて、他部署と協力しなが[...] ・部署予算を把握し、コスト管理を行なう。 ・新規業務や新技術の立案を行なう。
指導職層	3等級	担当グループの指導者	・グループ目標の立案、実行推進、進捗管理を行[...] ・グループ目標の達成に向けて、メンバーへ積極的[...] ・グループの課題を自ら発見し、解決、改善する。 ・難易度の高い業務にも挑戦し、最後まであきら[...] ・既存の考えにとらわれない、新規業務や新たな[...]
一般職層	2等級	担当業務が一人前かつ後輩へのアドバイザー	・基本的業務を滞りなく、ほぼ独力でこなす。 ・担当業務の課題を自ら発見し、解決、改善する。 ・難易度の高い業務にも挑戦し、上司の指示やサ[...] ・後輩へ積極的にアドバイスを行なう。 ・担当業務の目標達成に向かって、チームメンバー[...]
	1等級	指示業務の遂行	・上司の具体的な指示や同僚のサポートを受けな[...] ・失敗しても、最後まであきらめずに業務を行な[...] ・業務に必要な基本的な知識や技術を習得する。 ・しっかりとした言葉使い、清潔な身だしなみな[...] ・社内ルールや約束ごと、期限、時間を守る。

（※）プロフェッショナルコースの【高度専門職】および【専門職】について[...]

等級	等級定義	等級基準（求められる仕
4等級	【高度専門職】	・高度な専門的知識や技術をもって業務を遂行し、会社に貢[...] ・部下を持たず、基本的には自らの裁量で成果をあげる。[...] ションのまとめ役になる。 ・所属する部門や部署の目標立案及び目標達成に向けて、専[...]
3等級	【専門職】	・専門的知識や技術をもって業務を遂行し、会社に貢献する[...] ・部下を持たず、基本的には自らの裁量で成果をあげる。 ・所属する部署の目標立案及び目標達成に向けて、専門的側[...]

う場合があります。創業期であっても将来の会社像を描くことで、最初から3等級や5 がいなくても3〜5年後の組織の未来を想定して基準表をつくることが大切です。

られる仕事レベル）	対象役職		
	製造	営業	総務
する。 積極的な指導を行ない、後任候補者を育てる。 ら部下の力を結集させる。 う。	工場長	営業部長	総務部長
積極的な指導を行ない、後任候補者を育てる。 ら部下の力を結集させる。	製造課長	営業課長 営業所長	人事課長 経理課長
なう。 極的な指導を行なう。 。 めないで行なう。 改善案を提案する。	製造主任	営業主任 営業副所長	総務主任
ポートを受けながら行なう。 バーと積極的に協力する。	―	―	―
がら、基本的業務を行なう。 う。 ど、気を配る。	―	―	―

には、次のとおりとする。

仕事レベル）	対象役職		
	製造	営業	総務
貢献する。 ただし、【専門職】のメンバーとのコミュニケー 専門的側面から適宜進言する。	製造専担課長	営業専担課長	―
る。 側面から適宜進言する。	製造専担主任	営業専担主任	―

会社が求める役割を等級ごとに明確化します。

公平な評価を行なうためには、会社が求める能力や役割に対する責任を明確にすることが大切です。

その定義があることで、社員の成長ステージの基準となります。定義は、すべての職種で共通とすることもできますが、部門や部署によっては職務内容に大きな違いがあるので、1つにまとめることが難しい場合もあります。

たとえば、「営業部では個人のパフォーマンスが売上に直結する」のに対し、「製造部ではチームワークで業務を遂行する」などのように、個人のパフォーマンスを重視するのか、集団のパフォーマンスを重視するのか、職種によって評価基準に違いがあるのはよくあることです。

等級ごとに全職種に共通の定義を作成するのであれば、ある程度は抽象的な表現にならざるを得ませんが、等級ごとかつ職種ごとに定義を作成するには時間も労力も必要です。

小さな会社の場合、基本的には等級ごとに全職種に共通の定義と考え、どうしても共通の定義をつくるのが難しい場合に限って、階層ごと、等級ごと、職種ごとにつくるのも、わかりやすいのではないでしょうか。

ここでは、「等級数2つの場合」と「等級数3つの場合」、「等級数が5つの場合」の実例を84〜87ページにご紹介します。

人事制度を初めて作成したときは、等級数が2つか3つで十分対応できたとしても、その後、会社の成長とともに社員数も増え、社員の成長ステージも実態に即して、一般職層と管理職層で1つずつ等級を増やすことも可能です。

さらに、働き方の多様化という時代の流れに沿って、時間や勤務地、職種の限定を希望する社員に対応するために専門職を取り入れてもよいでしょう。

6-4 小さな会社の「等級制度」はこうする！

① 【STEP1】等級制度の「種類」を決めましょう。**小さな会社にお勧めは、運用のしやすさや社員の納得度の視点から「役割等級制度」**です。

② 【STEP2】「成長ステージ（階層）」を決めましょう。**小さな会社にお勧めは「一般職・リーダー職・管理職」の3階層**です。実際、リーダー職や管理職が育っていなくても、会社の3〜5年後を想定して、社員の成長ステージを描きましょう。

③ 【STEP3】「キャリアの複線化」も検討してみましょう。小さな会社においても、部下のいない「○○専門職」が存在する場合もあります。

④【STEP4】「等級数」を決めましょう。**小さな会社にお勧めは「1つの成長ステージ（階層）＝1つの等級」**です。つまり、「一般職＝1等級・リーダー職＝2等級・管理職＝3等級」の「3階層3等級」です。最後に、「各等級の定義・等級基準」を決めましょう。**お勧めは「全職種共通の等級表」**です。職種別でなければ定義や基準が落とし込めない場合は、「職種別の等級表」を検討しましょう。

【役割等級表（全職種共通・　　　　職）】

ステージ	等級	定義	等級基準	役職
管理職	3			
リーダー職	2			
一般職	1			―

7章

設計：ステップ5

「評価制度」を設計する

7-1 「評価制度」の特徴を理解する

「評価制度」とは

評価制度は、人事制度の3つの柱である「等級制度」「評価制度」「報酬制度」の1つです。

評価制度は、一定期間における社員の成果や行動、仕事に対する姿勢などを評価するしくみです。

会社のビジョンや人事方針に沿って「何を評価するか（評価項目）」、「どのように評価するか（評価基準）」を明示することで、社員の行動を方向づけます。評価結果は、等級の格付けや報酬に反映されるケースがほとんどです。

評価制度によって役割に対する貢献や能力の発揮を通じて、社員がもつ強みや改善点を把握することもできます。

「評価制度」の目的とは

評価制度の主な目的をわかりやすくまとめると、次の2つがあげられます。

「評価制度」の目的

①会社の「ビジョンや方針」を明確に示す
②「人材育成」を促進させる

1つ目は、「会社のビジョンや方針を明確に示す」ためです。

会社のビジョンや方針を評価基準に落とし込むことで、会社は社員に「何を期待しているのか」「どのような人物になってもらいたいのか」を示すことができます。

指標となるべきものがなければ、「なりふりかまわず成果を上げれば評価されるのか」「成果を出すためのプロセスを重視されるのか」「職務未経験の社員は何を評価されるのか」などがわからず、社員もとまどってしまいます。

2つ目は、「**人材育成を促進させる**」ためです。

会社が社員に「何を期待しているのか」「どのような人物になってもらいたいのか」を成果やプロセス、取り組む姿勢などに分類して評価を行なうことで、社員の強みと改善点を明らかにすることができます。

理想と現実のギャップを知ることで、不足している能力やスキルを認識し、それを社長や上司、そして社員が共有することで、より効率的に指導・育成を行なうことができます。

社員を査定して処遇に結びつけるだけの制度ではありません。つまり、評価制度を、社員1人ひとりの「人材育成ツール」として活かすことが大切なのです。

さらに、評価によって社員1人ひとりの能力やスキル、特性などが把握できるため適切な人員配置も期待できます。

人事評価に対する不満はなくならない

なぜ人事評価に不満を抱くのか？

　人事制度、特に人事評価に対する不満が社内の人間関係を悪化させ、さらには社員の離職率の増加につながることもあります。

　評価制度を設計する前に、「社員はなぜ、人事評価に不満を抱くのか」を考えてみましょう。

　人事評価に対する不満として、「人事評価に公平性が感じられない」ということがよくいわれています。

　ごく少人数でいつも一緒に仕事をするような職場であれば、ある程度正確な評価も可能でしょう。しかし、社長や上司が1人で部下の能力や成果を客観的かつ公平に評価することができるのか、はなはだ疑問です。

　単刀直入にいえば、社長や上司といえども、人のやることですから、客観性や公平性に完璧を求めることはできないのではないでしょうか。

　評価する側もされる側も、「本当にこれでよいのだろうか」という一抹の不安を抱えながら、人事評価と向き合っているのが現実ではないでしょうか。

　そして、どちらの側も「しょうがなくやっている（やらされている）」という悲しい現実がいたるところで見られます。

　「人事評価は明確な基準で行なって、処遇にしっかり反映させるものだ」という"理想論"と、「人事評価なんて社長や上司の感情しだい」という"現実"のギャップがあまりにも大きいので、本音

としては、どう対応していいのかわからない会社が多いのではないでしょうか。

あまりにもギャップが大きいのであれば、人事評価の役割を根本から考えてみたほうがスッキリするかもしれません。

根本的なことをいえば、「人が人を評価することはできない」のではないでしょうか。

「人が人に優劣をつけるしくみそのものが、"人間の営み"に反している」のではないでしょうか。

それにもかかわらず、むりやり制度に落とし込もうとするから、多くの社員が人事評価、さらには人事制度に抵抗感を感じているのではないでしょうか。

いくら評価結果を給与や処遇にしっかり連動させようとしても、評価そのものの納得性が低いわけですから、当然、給与も処遇も納得できないといわれるのは当たり前です。

人事評価は、「社員を育成するため」そして「社員の成長段階を確認するため」の"ツール"として認識しなければ、いつまでたっても、人事評価に対する不満は尽きることがありません。

そのうえで、社員1人ひとりがやりがいを感じながら活き活きと働き、「日々のがんばりが認められている」と実感できる人間関係を築くことが大切です。

まずは、**「人事評価に完璧はない」という認識をもつこと**こそが、「使える！　人事評価」になる第一歩です。

評価をなくしてしまう？　報酬と連動させない？

社員の価値観や働き方の多様化とともに、人事評価に対する不満がますます増加しているように思います。

そのような流れのもと、近年、人事評価をなくす会社や、人事評価は行なうが処遇に連動させない会社が増えています。

前者の「評価をなくす」場合は、「報酬（給与や賞与など）はどのようにして決めるのか」という問題が生じます（実際には、会社の利益を配分する方法が多いです）。

　後者の「評価は行なうが報酬に連動させない」場合は、評価と報酬を切り離し、評価は人材育成のためのツールとして活かされています。

　「評価は行なうが報酬に連動させない」手法の1つとして、近年、**「ノーレイティング」**が注目されています。

　ノーレイティングとは、評価は行なうが「Ｓ・Ａ・Ｂ・Ｃ・Ｄ」などのランク付けは行なわず、その代わりに、月に数回、上司と部下間で1on1ミーティングを通じて、目標の設定や達成を支援し、フィードバックを重ねたうえで成果を評価する手法です。

　社員の納得度の高い手法といわれていますが、**コミュニケーションスキル**が求められ、手間がかかるなどのデメリットがあるため、小さな会社にとって導入のハードルは高いのが現状です。

7-3 「評価シート」は7つのステップでつくる

🏢 【STEP1】「評価シート」の種類を決める

評価制度は、その名のとおり、社員を「評価」する制度です。評価がなければ、社員の成長段階も把握できません。

そこで、まずは**評価基準を明確にする**必要があります。

その際に使用するのが「**評価シート**」と呼ばれているものです（「考課シート」「成長確認・支援シート」「社員育成シート」などさまざまな呼び名がありますが、本書では「評価シート」として説明します）。

評価シートの作成に際し、まずは、「**階層**」と「**職種**」の整理から始めましょう。

階層とは、等級制度で明らかとなった「1等級・2等級・3等級…」といった等級に応じたステージや「一般職・リーダー職・管理職」といった役割に応じたステージをいいます。

職種とは、「生産・開発・営業・企画・経理・人事」といった仕事内容をいいます。

このように階層や職種を整理することで、仕事内容に則した評価項目や評価基準を設定できるとともに、社員1人ひとりの成長段階の指標として評価シートを活用することもできます。

では、評価シートは何種類つくればいいのでしょうか。

階層や職種ごとにつくるとなると、時間も労力もかかってしまいます。

◎「評価シート」は何種類つくるの？◎

ステージ	等級	製造	営業	総務
管理職	４・５等級			
指導職	３等級			
一般職	１・２等級			

職 種

階 層

◎職種別「評価シート」は何種類必要か？　◎

●パターン１：製造／営業／総務の３つの部門共通、「役職者」「一般職」で区分する ⇒ ２種類必要

ステージ	等級	製造・営業・総務共通
役職者	３・４・５等級	①
一般職	１・２等級	②

●パターン２：製造／営業／総務の３つの部門、「役職者」「一般職」で区分する ⇒ ６種類必要

ステージ	等級	製造	営業	総務
役職者	３・４・５等級	①	②	③
一般職	１・２等級	④	⑤	⑥

●パターン３：製造／営業／総務の３つの部門、「管理職層」「指導職層」「一般職層」で区分する ⇒ ９種類必要

ステージ	等級	製造	営業	総務
管理職層	４・５等級	①	②	③
指導職層	３等級	④	⑤	⑥
一般職層	１・２等級	⑦	⑧	⑨

●パターン4：製造（開発・組立）／営業（企画・販売）／総務（経理・労務）の
6つの部署、「管理職層」「指導職層」「一般職層」で区分する ⇒ 18種類必要

ステージ	等級	製造		営業		総務	
		開発	組立	企画	販売	経理	労務
管理職層	4・5等級	①	②	③	④	⑤	⑥
指導職層	3等級	⑦	⑧	⑨	⑩	⑪	⑫
一般職層	1・2等級	⑬	⑭	⑮	⑯	⑰	⑱

●パターン4：製造（開発・組立）／営業（企画・販売）／総務（経理・労務）の
6つの部署、各等級で区分する ⇒ 30種類必要

ステージ	等級	製造		営業		総務	
		開発	組立	企画	販売	経理	労務
管理職層	5等級	①	②	③	④	⑤	⑥
	4等級	⑦	⑧	⑨	⑩	⑪	⑫
指導職層	3等級	⑬	⑭	⑮	⑯	⑰	⑱
一般職層	2等級	⑲	⑳	㉑	㉒	㉓	㉔
	1等級	㉕	㉖	㉗	㉘	㉙	㉚

　そもそも小さな会社の場合、階層も職種も明確に細分化されてい
ないケースもあります。

　そこでおすすめなのが、「役職者と一般職」2種類の階層別、ま
たは「管理職・指導職・一般職」3種類の階層別で評価シートをつ
くる方法です。

　そして、職種による違い（生産・開発・営業・企画・経理・人事
といった仕事内容による区分）を設けず、全職種共通となる評価シ
ートもおすすめです。

　「どうしても、職種によって役割に違いがある」という場合は、
実態に即して職種別の評価シートをつくらざるを得ませんが、たと
え抽象的な表現になっても、各々の役割がある程度明らかになるの
であれば、無理して職種別でつくる必要はありません。

🏢 【STEP2】「評価項目」を決める

　評価シートの種類が決まれば、次に、評価項目を考えましょう。

　評価項目は、主に「**成果**」「**プロセス**」「**姿勢**」の3つの項目で構成されています。ただし、この3つの項目は「必ずこうしなければならない」と決まっているわけではありません。

　たとえば、職能資格制度では「能力」を評価項目に含めるのが一般的です。また、「知識・スキル」「重要業務」を評価項目に含める場合もあります。

　では、次ページの「評価シート」に付した丸番号に応じて作成する際のポイントについて解説していきます。

【①】

　1つ目の項目である「**成果評価**」は、与えられた役割の達成度や業績などの目標達成状況を評価するもので、「**業績評価**」とも呼ばれています。

　成果は、「**定量的評価**」と「**定性的評価**」に大きく分けることができます。

　定量的評価は、数値化できるものなのでイメージしやすいと思います。たとえば、製造職における開発件数や不良品の低減率、営業職における売上高や粗利額、新規顧客開拓件数などが該当します。ただし、階層や職種によって「何を成果とするのか」が違います。

　また、ある特定の社員や部署の成果が突出しているように見える場合であっても、先輩や同僚、他部署のサポートによって成し遂げられたことも多いのではないでしょうか。

　したがって、「その成果は社員本人の努力で成しえるものなのか、それともチームで成しえるものなのか」も視野に入れなければなりません。

　さらに、総務職や間接部門のように定量的な指標となる仕事がな

◎「評価シート」の例（5段階・ウエイトあり）◎

対象期間	年　　　月　　　日　～　　　年　　　月　　　日		
所属		等級	
役職名		氏名	
評価者氏名(1次)		評価者氏名(2次)	

評価項目	着眼点	ウエイト	評価 本人	点数	上司	点数	最終	点数
成果 仕事の質（正確さ）	・仕事内容の充実度、正確さはどうだったか ・お客様や同僚からクレームのない、感謝される仕事を行なったか	2	3	6	3	6	3	6
仕事の質（速さ）	・決められた期間内に必要な業務を効率よく行なうことができたか ・お客様の増加、売上アップにつながったか	2	4	8	3	6	4	8
目標達成	・個人売上が前年よりも5%アップのペースを維持できたか ・部署売上が前年よりも10%アップのペースを維持できたか	2	3	6	3	6	3	6
プロセス 創意工夫	・仕事を進める上で常に問題意識を持ち、職場運営にプラスになるような改善案を提案できたか ・仕事にかかる時間を適切に見積もっていたか　また、業務の優先順位順に遂行できたか	1	2	2	2	2	2	2
折衝力	・業務遂行上、他部門やお客様と交渉する際、良好な関係を維持しつつ、主張すべきことを的確に伝えることができたか ・業務に対する問題点を発見・分析し、他人が抱える業務トラブルや問題を支援することに努めていたか	2	3	6	3	6	3	6
企画力	・担当業務の目標を達成するために、必要と思われる具体的なプランを効果的に立案し、展開することができたか ・創造的なアイデアを現実的かつ具体的にまとめあげることができたか	1	2	2	3	3	3	3
判断力	・日々発生する様々な事案に対し、状況や条件に応じた臨機応変かつ的確な判断を行なっていたか ・緊急事態に直面したとき、必要なリソース（人員、情報、機材など）を確保することができたか	1	3	3	3	3	4	4
報告・連絡・相談	・適時・適切に上司や関係者に報告・連絡・相談し、業務に遅滞などのトラブルが生じないよう進めていたか ・相手が報告・連絡・相談しやすいように、日ごろから"人間関係"に気を配り、話しやすい所作を心がけていたか	2	3	6	3	6	4	6
知識・技能	・業務遂行上、必要とされる基本知識および技能の習得を心がけると共に、必要に応じてそれらを活用して業務を行なっていたか ・業務に関連する文書やデータを正確かつ整理された状態で保有し必要な情報を迅速に探し出すことができたか	1	3	3	3	3	3	3
部下の育成	・常に自らが"見本"となり、日ごろから部下との"信頼関係"を築き、適宜、適切な指示・指導・支援を行なったか ・仲間や部下をリードすることができたか　また、仲間や部下の業務をサポートすることができたか	2	4	8	4	8	4	8
姿勢 協調性	・組織の一員としての自覚をもち、自分の担当業務の範囲外であっても、自ら進んで上司、同僚と協力していたか ・職場内の円滑なコミュニケーションを心がけ、職場全体の運営にプラスになる行動をとっていたか	1	5	5	5	5	5	5
積極性	・担当する仕事の現状に甘んじることなく、困難な仕事であっても自らチャレンジしていたか ・自分自身のスキルアップやキャリアアップに向けた努力をしていたか	1	4	4	4	4	4	4
規律性	・会社・職場の決まりや上司の指示等、社員の一員として守っていたか ・挨拶、言葉遣いはしっかり行なっていたか、社会人・組織人としての常識・マナーを守っていたか	1	4	4	4	4	4	4
責任感	・自分の役割を自覚して、任された職務は最後まで責任を持ってあきらめずにやり遂げることができたか ・業務上のミスに対して、言い訳せずに、挽回できる対応を素直にとることができたか	1	5	5	4	4	4	4
		20		**68**		**65**		**69**

【評価の判断基準（達成度合い）】
5　大幅に上回ってきて、会社にも大いに貢献できた
4　上司や同僚のサポートもなく自分の力で上回った
3　時々上司や同僚のサポートは受けたが、会社の期待どおりにできた
2　軽微なミスや失敗があったが上司や同僚のサポートでカバーできた
1　ミスや失敗が多く、上司や同僚のサポートを必要とした

【総合評価区分】

S	:	80	点以上		
A	:	70	点以上	80	点未満
B	:	60	点以上	70	点未満
C	:	50	点以上	60	点未満
D	:	50	点未満		

総合点数	総合評価
69	**B**

チャレンジ目標
① 何を
② いつまでに
③ 進捗状況

本人コメント	評価者コメント

いなど、定量的評価が難しいことも多々あります。この場合は、「仕事の質」や「仕事の量」という定性的な指標として設定することをおすすめします。

　評価制度は会社の数だけあっていいのです。

　評価は定量化、つまり数値化して行なうよりも、ある程度大まかな“ファジーな評価”のほうが社員の納得度は高くなることだってあるのです。

　また、評価項目をすべての職種に当てはめる方法もあれば、「成果評価は職種別（例：製造職・営業職・総務職ごと）に作成し、プロセス評価と姿勢評価は全職種共通に作成する」という考え方でもかまいません。

　ここでは、製造職・営業職・総務職に特徴的と思われる定量的評価の「成果項目」をいくつか紹介します。

＜例＞職種ごとに特徴的な「成果項目」

製造職	不良率、生産高、クレーム件数、納期達成率、労働災害発生件数など
営業職	売上高、粗利額、新規開拓件数、紹介受注件数、売掛金回収率など
総務職	経費予算達成率、社員定着率、労働分配率、ホームページからの問い合わせ件数など

【②】

　2つ目の項目である「**プロセス評価**」は、成果につながるための行動や必要となるスキルの発揮度を評価するもので、「**行動評価**」や「**役割評価**」とも呼ばれています。

　プロセス評価は、その名のとおりプロセス（行動）を評価するものなので、“できる能力”があっても業務遂行上、能力を発揮していなければ評価の対象にはなりません。

　また、定量的評価がなじまない管理部門や間接部門など、個人的

な成果を数値化するのが難しい職種にも、プロセス評価であれば、しっかりと評価することができます。社員が目先の成果だけを追いかけるのではなく、継続的な成長をめざしていけるように、そのプロセス（行動）を評価していくことが大切です。

近年、注目度が高まっている「**コンピテンシー評価**」もプロセス評価の1つと考えることができます。

コンピテンシー評価とは、コンピテンシーディクショナリーと呼ばれる6カテゴリー20項目を参考にして、自社で成果を上げている優秀な人材の**行動特性**（「コンピテンシー」といいます）を分析し、その結果をプロセス評価の指標に落とし込むものです。

ここでは、製造職・営業職・総務職に特徴的と思われる定量的評価の「プロセス項目」をいくつか紹介します。

＜例＞職種ごとに特徴的な「プロセス項目」

製造職	品質管理の徹底、納期管理の徹底、5Sの実践、製造技術の知識習得など
営業職	重要顧客への定期訪問、見込み顧客へのフォローアップ、ホスピタリティの実践、新規商品の知識習得など
総務職	月次決算・給与計算・各種手続きの進捗管理、経理・労務の知識習得など

【③】

3つ目の項目である「**姿勢評価**」は、社員の働く姿勢や意欲などを評価するもので、「**勤務態度評価**」や「**情意評価**」とも呼ばれています。

規律の遵守（コンプライアンス）や、責任感、協調性など、成果やプロセスだけでは判断しづらい人間性なども評価対象とすることができます。

ただし、姿勢評価は、評価者の主観に左右されやすいという特徴があるので、評価の際は"情"が入り込まないように注意しましょ

う。

【④】

　評価シートの下部に、評価点数に影響のない「**チャレンジ目標**」欄を設けています。仕事に関することで、社員の成長にもなり得る個人目標を記入してもらいます。

　評価シートに表われない社員のがんばりを社長と社員、場合によっては同僚と共有することで、みんなが1人の社員のための"応援団"になってあげることもできます。

　このチャレンジ目標の共有化、そして互いが支援する関係性をつくることで、「**言いたいことを、誰に対しても、何でも言い合える**」ふれあいあふれる職場環境をつくるきっかけにすることができるのです。

　この「言いたいことを、誰に対しても、何でも言い合える」職場環境こそ、人事制度がうまく運用できるかどうかの大きなポイントの1つです。

　逆にいえば、人事制度がうまく運用できない職場は、「言いたいことが誰にも言えない」雰囲気が漂っていることが往々にしてあるのです。

　人事制度の内容を見直す前に、「職場の雰囲気の改善こそ優先課題」ということは決して珍しいことではありません。

【STEP3】「着眼点」を決める

【⑤】

　次に、評価項目ごとの「**着眼点**」について考えましょう。

　着眼点の内容があいまいで、社員が「何をしたらいいかわからない」状態では、評価する側・される側の双方が勝手な解釈をしてしまう可能性があります。上司と部下の関係が冷え切り、職場の雰囲気も悪くなってしまいます。

　そのようにならないためには、以下の3つに注意して着眼点を作

成しましょう。

「着眼点」を考えるための3つのポイント

①社員誰もが理解できるわかりやすい表現にすること
②経営理念に沿った表現にすること
③「〜してはいけない」というマイナス思考ではなく、「〜するために○○○をする」というプラス思考の表現にすること

【STEP4】「ウエイト」を決める

【⑥】

次に、階層別・評価項目別の「ウエイト」を考えましょう。

「成果」「プロセス」「姿勢」の評価結果を処遇に反映させるために、各評価項目にウエイトを掛け合わせることで、評価結果のバランスを調整します。

階層別に設定する方法もあれば、職種別に設定する方法もありますが、ここでは階層別に設定する方法の一例を紹介します。

一般職として、まずは、しっかりと会社や仕事に慣れてもらいたいという考えから「姿勢」のウエイトを高くして、管理職に昇進するほど結果に対する責任が大きくなるという考えから、「成果」のウエイトを高くするのが一般的です。

そのうえで、実際に部下の評価を行なって、点数を算出します。

算出した点数が社長の思ったとおりであれば問題ありませんが、最初は"ズレ"が生じることがほとんどです。

この"ズレ"の原因は、評価項目が社長の評価したい内容になっていないか、またはウエイト配分に問題があることが考えられます。

「修正→（仮）評価・点数算出→修正」を繰り返して"落としどころ"を見つけていきましょう。

評価項目		一般職層		指導職層		管理職層	
		適用	ウエイト	適用	ウエイト	適用	ウエイト
成果	仕事の質（正確さ）	○	1	○	2	○	2
	仕事の量（速さ）	○	1	○	1	○	2
	目標達成	×	－	○	1	○	2
成果のウエイト（割合）			2（10%）		4（20%）		6（30%）
プロセス	創意工夫	○	2	○	2	○	1
	折衝力	×	－	○	1	○	2
	企画力	×	－	○	1	○	1
	判断力	○	2	○	1	○	1
	報告・連絡・相談	○	2	○	2	○	2
	知識・技能	○	2	○	2	○	1
	指導力（部下の育成）	×	－	○	1	○	2
プロセスのウエイト（割合）			8（40%）		10（50%）		10（50%）
姿勢	規律性	○	2	○	1	○	1
	協調性	○	3	○	2	○	1
	積極性	○	3	○	1	○	1
	責任感	○	2	○	2	○	1
姿勢のウエイト（割合）			10（50%）		6（30%）		4（20%）
ウエイト合計			20（100%）		20（100%）		20（100%）

> 一般職は「姿勢評価」、指導職や管理職は「成果評価」や「プロセス評価」のウエイトが高くなるのが一般的です。

> 上記は、「5段階評価」を行なう場合のウエイト配分例です。「4段階評価」を行なう場合は、ウエイト合計は25になります。

　なお、「ウエイトの設定は難しい」「ウエイトを掛け合わせると最終評価点数が思うような点数にならない」という場合は、「ウエイトを設定しない方法」も検討してみましょう。

　評価制度の役割は「人材育成」「社員の成長段階の確認」ですから、各評価項目をチェックすることで、社員1人ひとりの強みと改善点を明らかにすることが大切です。

　ウエイトを付けたほうがなんとなく納得感はありますが、ウエイトを設定しない評価シートもシンプルでわかりやすいのです。

　なお、この場合、各項目の点数の平均点で総合評価を行ないます。

◎ 「評価シート」の例 ┤4段階・ウエイトなし├ ◎

対象期間	年　　　月　　　日 ～ 年　　　月　　　日		
所属		等級	
役職名		氏名	

| | 評価者氏名 | | **ウエイトなし** |

評価項目	着眼点	評価 本人	評価 上司
成果 仕事の質（正確さ）	仕事内容の充実度、正確さはどうだったか お客様や同僚からクレームのない、感謝される仕事を行ったか	3	3
仕事の量（速さ）	決められた期間内に必要な業務を効率よく行うことができたか お客様の増加、売上アップにつながったか	4	4
目標達成	個人売上が前年よりも5%アップのペースを維持できたか 部署売上が前年よりも10%アップのペースを維持できたか	3	3
プロセス 創意工夫	仕事を進める上で常に問題意識を持ち、職場運営にプラスになるような改善案を提案できたか 業務にかかる時間を適切に見積もりをもっていたか　また、業務の優先順位順に遂行できたか	2	2
折衝力	業務遂行上、他部門やお客様と交渉する際、良好な関係を維持しつつ、主張すべきことを的確に伝えることができたか 業務に対する問題点を発見・分析し、他人が抱える業務トラブルや問題を支援することに努めていたか	3	3
企画力	担当業務の目標を達成するために、必要と思われる具体的なプランを効果的に立案し、展開することができたか 創造的なアイデアを現実的かつ具体的にまとめあげることができたか	2	2
判断力	日々発生する様々な事案に対し、状況や条件に応じた臨機応変かつ的確な判断を行っていたか 緊急事態に直面したとき、必要なリソース（人員、情報、機材など）を確保することができたか	3	3
報告・連絡・相談	適時・適切に上司や関係者に報告・連絡・相談し、業務に遅滞などのトラブルが生じないよう進めていたか 相手が報告・連絡・相談しやすいように、日ごろから"人間関係"に気を配り、話しやすい所作を心がけていたか	3	2
知識・技能	業務遂行上、必要とされる基本知識および技能の習得を心がけると共に、必要に応じてそれらを活用して業務を行っていたか 業務に関連する文書やデータを正確かつ整理された状態で保存し必要な情報を迅速に探し出すことができたか	3	3
部下の育成	常に自らが"見本"となり、日ごろから部下との"信頼関係"を築き、適宜、適切な指導・指導・支援を行ったか 仲間や部下をリードすることができたか　また、仲間や部下の業務をサポートすることができたか	4	4
姿勢 協調性	組織の一員としての自覚をもち、自分の担当業務の範囲外であっても、自ら進んで上司、同僚と協力していたか 職場内の円滑なコミュニケーションを心がけ、職場全体の運営にプラスになる行動をとっていたか	3	3
積極性	担当する仕事の現状に甘んじることなく、困難な仕事であっても自らチャレンジしていたか 自分自身のスキルアップやキャリアアップに向けた努力していたか	2	2
規律性	会社・職場の決まりや上司の指示等、社員の一員として守っていたか 挨拶、言葉遣いはしっかり行っていたか、社会人・組織人としての常識・マナーを守っていたか	3	3
責任感	自己の役割を自覚して、任された職務は最後まで責任を持ってあきらめずにやり遂げることができたか 業務上のミスに対して、言い訳せずに、挽回できる対応を素直にとることができたか	3	3
		2.93	2.79

平均点を算出する

【評価の判断基準（達成度合い）】
4 大幅に上回ってできて、会社にも大いに貢献できた
3 上司や周りのサポートの必要もなく、自分の力で上回ってできた
2 軽微なミスはあったが、上司や周りのサポートでカバーできた
1 ミスや失敗が多く、もっとがんばらなくてはならない

【総合評価区分】
S ： 3.5 ～
A ： 2.5 ～
B ： 1.5 ～
C ： 1.0 ～

総合点数	総合評価
2.79	A

チャレンジ目標
① 何を

② いつまでに

③ 進捗状況

本人コメント	評価者コメント

【⑦】

　次に、「評価者」を考えましょう。

　社員数が数名の小さな会社では、社長が評価者です。生産拠点や営業拠点の分散がない場合は、社長1人で20名程度の「人となりや働きぶり」は熟知できると思います。

　その一方で、社員数がおおむね10名程度になってくると、工場長や営業主任といった社長が頼りにする中堅または幹部社員が育ってくる頃ではないでしょうか。

　たとえ、社長が1人で評価を行なうことができたとしても、中堅または幹部社員を評価者として指名することで、部下や後輩の評価や育成にも責任をもつ自覚をもってもらってはいかがでしょう。部下の評価に責任をもたせることで、さらに社員が成長することもあります。

　ここで、「評価の流れ」を確認しておきましょう。

　社長が1人で全社員の評価を行なう場合は、「社員の自己評価→社長評価」の2段階となります。中堅または幹部社員が存在する場合は、「社員の自己評価→直属上司評価（「1次評価」といいます）→社長評価（「2次評価」といいます）かつ評価決定会議」となります。

　次に、「直属上司評価」と「社長評価かつ評価決定会議」の役割を確認していきましょう。

　直属上司評価では、社員の日常行動や業務の成果を直接確認できる直属の上司が評価者となります。

　難点としては、関係性が近すぎるために、被評価者に対する感情が入り込むことで、適正な評価を阻害される可能性があることです。

　その点、社長評価かつ評価決定会議では、直属上司の他に社長が評価に加わるため、客観的な評価が期待できます。

　さて、ここで問題となるのが、1つの評価項目に対する直属上司

評価と社長評価が違っている場合、どちらが最終的な評価となるのかですが、大きく次の３つの対応が考えられます。

「上司評価」と「社長評価」が違っている場合の３つの対応

【対応１】上司評価と社長評価の平均値をもって最終評価とする。
→平均値を計算する作業工程が必要となります。

【対応２】社長評価を最終評価とする。
→直属上司評価が反映されず、評価に対する"動機づけ"が低下する恐れがあるので、直属上司に対するフォローが必要となります。

【対応３】成果評価とプロセス評価は上司評価、姿勢評価は上司評価と社長評価の平均値をもって最終評価とする。
→【対応２】と同様、直属上司評価と社長評価が違う場合があるので、直属上司に対するフォローが必要となります。

　いずれの対応も一長一短がありますから、自社でよく検討しなければなりません。

　小さな会社におすすめなのは、【対応１】の直属上司評価と社長評価の平均値をもって最終評価とするやり方です。

　なお、「社員には、直属上司評価・社長評価・評価決定会議で決定した最終評価の、どれを通知するのか？」という疑問が生じると思いますが、**社員に通知するのは「評価決定会議で決定した最終評価」のみ**です。

　この場合、直属上司評価と社長評価は公表せず、次回以降の評価を行なうときのための参考として、そして中堅または幹部社員の育成のために使うツールとしてデータ保管します。

　人が他人を評価するときは、どうしても自分の主観にとらわれてしまう一方、人が自分自身を客観的に評価することも難しいものがあります。これが他者評価と自己評価の"ズレ"を生じさせるのです。

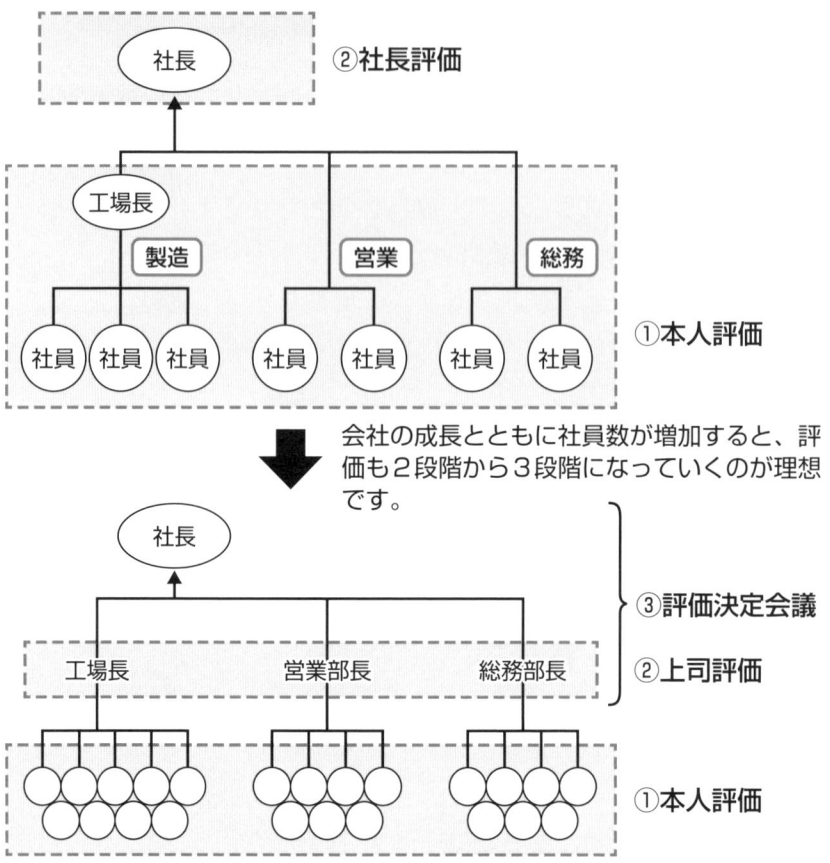

◎評価者と被評価者◎

②社長評価

①本人評価

会社の成長とともに社員数が増加すると、評価も2段階から3段階になっていくのが理想です。

③評価決定会議

②上司評価

①本人評価

　社員の自己評価・直属上司評価・社長評価にズレが生じることはしかたがないのです。しかたがないけれども、少しずつ埋める努力は必要です。

　ズレが生じた場合や判断が異なる場合は、経営理念に立ち返りましょう。経営理念の考えに沿うと、「どちらの判断・行動が理念に沿ったものなのか」ということです。

　そのためにも、「経営理念→人事制度→人事評価」が1本の軸でつながっていることで、人事制度の運用は自信をもって行なうことができるのです。

【STEP 5】「評価者」を決める、の項の最後に、ぜひともお伝えしたいことがあります。それは、「**社員の自己評価は必ず行なってください**」ということです。

社員の自己評価を行なっていない会社は少なからず存在します。でも、社員の自己評価は、社員自身にとって大切な「成長の機会」となります。

自己評価を行なうことで、自分の成果や成果を生み出すための役割や行動プロセス、業務に取り組む姿勢などを客観的に振り返ることができるからです。

漠然と日々の業務に追われているだけでは、自分の強みも改善点も見落としがちになります。

さらに、社員自身の考え方と会社の方向性が一致しているかどうかも、自己評価を行なうことで、確認することができるのですから、この機会をしっかりと活用していただくことが大切です。

🏢【STEP 6】「評価区分」を決める

【⑧】

次に、「評価区分」を考えましょう。

従来は、「5段階評価」を採用するのが一般的でした。たとえば、「S・A・B・C・D」もしくは「5・4・3・2・1」のように段階を付ける方法です。

この方法は、中間評価である「B」や「3」を基準として、それよりも評価が高ければ「SまたはA」「5または4」、評価が低ければ「CまたはD」「2または1」のように振り分ける方法です。

「3段階評価」も基本的には同じ考えにもとづいています。

何事においても中庸を好む国民気質なのか、わが国の人事評価では、業種や会社の規模を問わず、最高評価や最低評価を付けることを避ける傾向がみられます。

「5段階評価」であれば「3」、「3段階評価」であれば「2」が選択されることが多く、たとえ、成果主義的な制度を取り入れたと

しても、社員間の差がほとんど生じないケースもあります。

このような状況を踏まえ、近年、中間評価である「B」や「3」をなくして「4段階評価」を実施する会社が増えてきました。

中間評価をなくすことで、会社が求める「合格ライン」を上回れば評価は「（大変）良い」、下回れば評価は「（大変）悪い」の2つにはっきり分かれることになります。

曖昧な中間評価がなくなれば、「4段階評価」でしっかり「4」や「1」を付けやすくなり、メリハリのある評価になります。ただし、「4」「3」がほとんどという状態が理想的です。

なぜなら、4段階の「2」といえば、100点満点の50点以下というイメージが付きまといます。つまり、「自分の行動は半分しか評価されていないのか」というイメージが先行してしまい、モチベーションが低下する可能性があるのです。

それを踏まえて、大多数は「3」、誰もが認める抜きんでたレベルが「4」、もう一歩だなという場合が「2」とした考え方でも評価制度としては十分に機能します。

また、「4段階評価」には、「3・2・1・0」の4段階として、あえて最下位評価を「0」にする考え方もあります。

従来、4段階評価において、最下位評価「1」の場合は、低評価であっても評価されることを意味しますが、最下位評価が「0」であれば「評価に値しない」という意思表示でもあります。

成果主義の考えを極めている考え方で、「少しやりすぎ感」がないわけでもありませんが、考え方の1つとして参考になります。

いずれにしても4段階評価とすることで、社長も社員も、評価に対する受け止め方が従来と比べて真剣にならざるをえません。

107ページで、「4段階・ウエイトなしの評価シート」を紹介しましたが、「5段階・ウエイトなしの評価シート」と「5段階・ウエイトありの評価シート」も114、115ページに紹介しておきますので、どちらが自社に適しているかを検討してみましょう。

◎「5段階評価」から「4段階評価」へ◎

【5段階評価】

5点 … 大変良い
4点 … 良い
3点 … 普通
2点 … 悪い
1点 … 大変悪い

なくす

【4段階評価】

◎4点	…	大いにできる
○3点	…	ほぼできる
△2点	…	あともう一歩
×1点	…	できていない

合格ライン

評価項目ごとに評価点数を付ける際の評価区分を何段階にするかが決まったところで、次は「**評価区分の記載方法**」を考えなければなりません。つまり、「抽象的な表現にするのか、それとも（評価項目ごとに）具体的な表現にするのか」ということです。

たとえば、評価区分を「抽象的な表現」にする場合は次のように考えます。

- **5点**…大幅に上回ってできて、会社にも大いに貢献できた
- **4点**…上司や周りのサポートの必要もなく、自分の力で上回ってできた
- **3点**…ときどき上司や周りのサポートも必要だったが、当たり前にこなすことができた
- **2点**…軽微なミスはあったが、上司や周りのサポートでカバーできた
- **1点**…ミスや失敗が多く、もっとがんばらなくてはならない

「抽象的な表現」にするほうが、階層や職種が増えても評価項目を検討するだけで、基本的には評価区分はそのまま使用できます。

◎ 「評価シート」の例 5段階・ウエイトなし ◎

対象期間		年　　　　月　　　　日　　～　　　　年　　　　月　　　　日				
所属				等級		
役職名				氏名		
				評価者氏名		

ウエイトなし

評価項目		着眼点	評価	
			本人	上司
成果	仕事の質（正確さ）	仕事内容の充実度、正確さはどうだったか	4	3
		お客様や同僚からクレームのない、感謝される仕事を行ったか		
	仕事の量（速さ）	決められた期間内に必要な業務を効率よく行うことができたか	4	3
		お客様の増加、売上アップにつながったか		
	目標達成	個人売上が前年よりも5%アップのペースを維持できたか	3	3
		部署売上が前年より10%アップのペースを維持できたか		
プロセス	創意工夫	仕事を進める上で常に問題意識を持ち、職場運営にプラスになるような改善案を提案できたか	2	2
		業務にかかる時間を適切に見積もっていたか　また、業務の優先順位順に遂行できてたか		
	折衝力	業務遂行上、他部門やお客様と交渉する際、良好な関係を維持しつつ、主張すべきことを的確に伝えることができたか		
		業務に対する問題点を発見・分析し、他人が抱える業務トラブルや問題を支援することに努めていたか		
	企画力	担当業務の目標を達成するために、必要と思われる具体的なプランを効果的に立案し、展開することができたか	2	3
		創造的なアイデアを現実的かつ具体的にまとめあげることができたか		
	判断力	日々発生する様々な事案に対し、状況や条件に応じた臨機応変かつ的確な判断を行っていたか	5	3
		緊急事態に直面したとき、必要なリソース（人員、情報、機材など）を確保することができたか		
	報告・連絡・相談	適時・適切に上司や関係者に報告・連絡・相談し、業務に遅滞などのトラブルが生じないよう進めていたか	3	2
		相手が報告・連絡・相談しやすいように、日ごろから"人間関係"に気を配り、話しやすい所作を心がけていたか		
	知識・技能	業務遂行上、必要とされる基本知識および技能の習得を心がけると共に、必要に応じてそれらを活用して業務を行っていたか	3	3
		業務に関連する文書やデータを正確かつ整理された状態で保存し必要な情報を迅速に探し出すことができたか		
	部下の育成	常に自らが"見本"となり、日ごろから部下との"信頼関係"を築き、適宜、適切な指示・指導・支援を行ったか	3	4
		仲間や部下をリードすることができたか　また、仲間や部下の業務をサポートすることができたか		
姿勢	協調性	組織の一員としての自覚をもち、自分の担当業務の範囲外であっても、自ら進んで上司、同僚と協力していたか	5	5
		職場内の円滑なコミュニケーションを心がけ、職場全体の運営にプラスになる行動をとっていたか		
	積極性	担当する仕事の現状に甘んじることなく、困難な仕事であっても自らチャレンジしていたか	2	4
		自分自身のスキルアップやキャリアアップに向けた努力していたか		
	規律性	会社・職場の決まりや上司の指示等、社員の一員として守っていたか	3	
		挨拶、言葉遣いはしっかり行っていたか、社会人・組織人としての常識・マナーを守っていたか		
	責任感	自己の役割を自覚して、任された職務は最後まで責任を持ってあきらめずにやり遂げることができたか	3	
		業務上のミスに対して、言い訳せずに、挽回できる対応を素直にとることができたか		
			3.21	3.14

平均点を算出する

【評価の判断基準（達成度合い）に
5　大幅に上回ってできて、会社にも大いに貢献できた
4　上司や同僚のサポートもなく自分の力で上回った
3　時々上司や同僚のサポートは受けたが、会社の期待どおりにできた
2　軽微なミスや失敗があったが上司や同僚のサポートでカバーできた
1　ミスや失敗が多く、上司や同僚のサポートを必要とした

【総合評価区分】
S　：　　4.5　～
A　：　　3.5　～
B　：　　2.5　～
C　：　　1.5　～
D　：　　1.0　～

総合点数	総合評価
3.14	B

チャレンジ目標

① 何を

② いつまでに

③ 進捗状況

本人コメント	評価者コメント

対象期間		年　　　　月　　　　　　　日 ～	年　　　　月　　　　　　日				
所属			等級				
役職名			氏名				

評価者氏名(1次)			評価者氏名(2次)				

評価項目		着眼点	ウエイト	評価			
				本人	点数	最終	点数
成果	仕事の質（正確さ）	仕事内容の充実度、正確さはどうだったか	2	4	8	4	8
		お客様や同僚からクレームのない、感謝される仕事を行ったか					
	仕事の量（速さ）	決められた期間内に必要な業務を効率よく行うことができたか	2	3	6	3	6
		お客様の増加、売上アップにつながったか					
	目標達成	個人売上が前年よりも5％アップのペースを維持できたか	2	3	6	3	6
		部署売上が前年よりも10％アップのペースを維持できたか					
プロセス	創意工夫	仕事を進める上で常に問題意識を持ち、職場運営にプラスになるような改善案を提案できたか	1	2	2	2	2
		業務にかかる時間を適切に見積もっていたか　また、業務の優先順位順に遂行できたか					
	折衝力	業務遂行上、他部門やお客様と交渉する際、良好な関係を維持しつつ、主張すべきことを的確に伝えることができたか	2	3	6	3	6
		業務に対する問題点を発見・分析し、他人が抱える業務トラブルや問題を支援することに努めていたか					
	企画力	担当業務の目標を達成するために、必要と思われる具体的なプランを効果的に立案し、展開することができたか	1	2	2	3	3
		創造的なアイデアを現実的かつ具体的にまとめあげることができたか					
	判断力	日々発生する様々な事案に対し、状況や条件に応じた臨機応変かつ的確な判断を行っていたか	1	5	5	3	3
		緊急時に直面したとき、必要なリソース（人員、情報、機材など）を確保することができたか					
	報告・連絡・相談	適時・適切に上司や関係者に報告・連絡・相談し、業務に遅滞などのトラブルが生じないよう進めていたか	3	2	6	2	6
		相手が報告・連絡・相談しやすいように、日ごろから"人間関係"に気を配り、話しやすい所作を心がけていたか					
	知識・技能	業務遂行上、必要とされる基本知識および技能の習得を心がけると共に、必要に応じてそれらを活用して業務を行っていたか	1	3	3	3	3
		業務に関連する文書やデータを正確かつ整理された状態で保存し必要な情報を迅速に探し出すことができたか					
	部下の育成	常に自らが"見本"となり、日ごろから部下との"信頼関係"を築き、適宜、適切な指示・指導・支援を行ったか	2	3	6	4	8
		仲間や部下をリードすることができたか　また、仲間や部下の業務をサポートすることができたか					
姿勢	協調性	組織の一員としての自覚をもち、自分の担当業務の範囲外であっても、自ら進んで上司、同僚と協力していたか	1	5	5	5	5
		職場内の円滑なコミュニケーションを心がけ、職場全体の運営にプラスになる行動をとっていたか					
	積極性	担当する仕事の現状に甘んじることなく、困難な仕事であっても自らチャレンジしていたか	1	2	2	4	4
		自分自身のスキルアップやキャリアアップに向けた努力をしていたか					
	規律性	会社・職場の決まりや上司の指示等、社員の一員として守っていたか	1	3	3	4	4
		挨拶、言葉遣いはしっかり行っていたか、社会人・組織人としての常識・マナーを守っていたか					
	責任感	自己の役割を自覚して、任された職務を最後まで責任を持って遂行しあきらめずにやり遂げることができたか	1	3	3	5	5
		業務上のミスに対して、言い訳せずに、挽回できる対応を素直にとることができたか					
			20		65		67

【評価の判断基準（達成度合い）】	【総合評価区分】	総合点数	総合評価
5　大幅に上回ってできて、会社にも大いに貢献できた 4　上司や同僚のサポートもなく自分の力で上回った 3　時々上司や同僚のサポートは受けたが、会社の期待どおりにできた 2　軽微なミスや失敗があったが上司や同僚のサポートでカバーできた 1　ミスや失敗が多く、上司や同僚のサポートを必要とした	S　：　80　　点以上 A　：　70　点以上　80　点未満 B　：　60　点以上　70　点未満 C　：　50　点以上　60　点未満 D　：　50　点未満	**67**	**B**

チャレンジ目標

① 何を

② いつまでに

③ 進捗状況

本人コメント	評価者コメント

	評価項目	着　眼　点		5	4
成果	個人売上高	個人売上実績　／　個人売上目標		120％以上	110％以上120
	部門売上高	部門売上実績　／　部門売上目標		120％以上	110％以上120
プロセス	報告・連絡・相談	適時・適切に上司や関係者に報告・連絡・相談し、業務に遅滞などのトラブルが生じないよう進めていたか		報連相を適時行なうとともに、まわりに悩んでいる者がいれば状況を判断して進んで声をかけるようにしていた	報連相を適時行なうとわりが相談しやすい関係に気を配っていた
	知識・技能	業務遂行上、必要とされる基本知識および技能の習得を心がけると共に、適宜それらを活用して業務を行なっていたか		高度かつ幅広い知識・技能を有しており、常に向上を目指し、業務にも大いに活用していた	幅広い知識・技能を有業務にも大いに活用し
	指導力（部下の育成）	常に自らが"見本"となり、日ごろから部下との"信頼関係"を築き、適宜、適切な指示・指導・支援を行なったか		部下の育成計画を立て、部下を適宜指導・アドバイスを行ない、部下が大きく成長した	部下の育成計画を立て宜指導・アドバイスを行

　「（評価項目ごとに）具体的な表現にする」と、階層や職種が増えるごとに、そのつど、評価区分も新たに考えなければなりません。

　また、定性的な評価項目において、「具体的な表現を記載する」ことで、その文言にとらわれてしまって評価が実態と乖離してしまう可能性も考えられます。

　小さな会社の場合は、自分の仕事はもちろんのこと、状況によっては、まわりのサポートもしなければならないことが往々にしてあります。

　つまり、小さな会社の場合は、互いにフォローしながら業務を行なうケースが多く、細分化していないのです。

　したがって、抽象的な表現を記載した評価シートのほうが使い勝手がよいのです。

【STEP7】「最終評価ランク」を決める

【⑨】

　評価シートを作成する最後のステップです。「最終評価ランクを何段階にランク付けするか」を決めましょう。

　評価項目ごとの点数にウエイトを乗じた合計が最終的な評価点数

文章化する例（一部抜粋）◎

	評価基準			
	3		2	1
)%未満	100%以上110%未満		90%以上100%未満	90%未満
)%未満	100%以上110%未満		90%以上100%未満	90%未満
とともに、ま ように人間関	報連相を適時行なうとともに、滞 りなく業務を遂行した		報連相を遅れたり忘れることがあ り、まわり（上司・同僚・お客 様）に迷惑をかけることがあった	報連相を遅れたり忘れることが多 く、まわり（上司・同僚・お客 様）に迷惑をかけることが何度も あった
有しており、 していた	業務に必要とされる知識・技能を 有しており、滞りなく業務を遂行 した		業務に必要とされる知識・技能を 有しておらず、まわりのサポート を必要とすることがあった	業務に必要とされる知識・技能を 有しておらず、習得する姿勢が見 られなかった
て、部下を適 を行なった	部下の育成計画を立て、部下を指 導していた		時間のゆとりがあれば、部下を指 導していた	部下の育成に関心がなく、指導も 行なわなかった

> まずは、中間レベルから考えましょう。
> 3点レベル…会社として「少なくともこれだけは実行してほしい」と求めるレベル。

となり、その点数によりランク付けします。

　ランクを細分化するほどより評価が処遇に反映させることになりますが、そもそも評価制度自体完璧なものはありません。

　それを社長と社員の信頼関係とコミュニケーションで補っていかなければならない現実を考えると、わざわざ細分化する必要はなく、5ランク程度が運用しやすいのではないでしょうか。

◎「最終評価区分」を考える◎

A	…	大変良い
B	…	良い
C	…	普通
D	…	悪い

or

A	…	大変良い
B	…	良い
C	…	普通
D	…	悪い
D	…	大変悪い

or

A	…	90点以上
B	…	80点以上90点未満
C	…	70点以上80点未満
D	…	60点以上70点未満
E	…	50点以上60点未満
F	…	40点以上50点未満
G	…	30点以上40点未満
H	…	30点未満

「等級＝役職」なのか？
「等級≠役職」なのか？

🏢 「昇格ルール」を決める

　評価制度のベースとなる評価シートが完成すると、次に「評価した結果をどのように処遇に反映させるか」を考えなければなりません。

　評価だけを行なって処遇に反映されない、または評価と処遇がうまく連動しなければ、社員のモチベーションの維持は難しくなります。

　なお、「処遇」とは、法令による決まった定義があるわけではありませんが、わかりやすくいえば、格付け（等級）や職位（役職）、報酬（給与や賞与）のことをいいます。

　評価するのが一苦労なら、評価と処遇を連動させることも一筋縄ではいきません。

　さて、本題の「昇格／降格のルール」についてですが、結論から先にいえば、小さな会社の場合は、「なんとなく決める」で十分です。

　ルールを決めないのではなく、「**ルールは一応決めておくけど、参考程度で運用します**」ということです。

　小さな会社の場合、突然、退職者が発生し、誰かをリーダーに抜擢しなければならなくなることや、取引先との関係で急に“肩書”が必要となることなど、なかなかルールどおりにはいかないこともあり得るのです。

　したがって、最初から多少の“幅”や“鉛筆なめなめ調整”があることを明確にしておくと、社員もひとまず理解を示してくれます。

　なお、「昇給・昇格・昇進」はセットで考えるとわかりやすいのですが、本書では、昇給については「報酬制度」（8章）、昇格や昇

進については「評価制度」（本章）で説明します。

まずは、用語について整理しておきましょう。

- **昇給**：給与が上がること。反対は「降給」
- **昇格**：等級が上がること。反対は「降格」
- **昇進**：役職が上がること。反対は「降職」

また、全体としては"なんとなく基準"でも運用できるのですが、昇格や昇進を行なう際には、「"卒業方式""入学方式"のどちらで判断するのか」は決めておいたほうがよいでしょう。

卒業方式とは、現在の等級で要求される役割や能力のレベルを十分満たしたと判断して、現在の等級を"卒業"させて、次のステップに昇格や昇進させることをいいます。

一方、入学方式とは、上位等級や上位役職を担うだけの適性があると判断して昇格や昇進させることをいいます。

では、卒業方式と入学方式のどちらで判断するのかですが、私の個人的な考えとしては、「昇格は卒業方式、昇進は入学方式」をおすすめします。

等級制度において、各等級で定められた基準を満たした場合は、もう1つ上位の役割を担ってもらいたいと思うのが一般的ではないでしょうか。

その点、卒業方式は、人事評価の結果をもとにするので、わかりやすいと思います。

しかし、プレイヤーとしてどんなに優秀でも、リーダーやマネジャーという役割を担えるかどうかは別物ではないでしょうか。スポーツの分野でも、ときどき「名選手、名監督にあらず」といわれることがあります。たとえ、入学方式で判断しても、未知数なところ

が非常に多いので、実際には役職者としての働きぶりを見てみないと本当に適任かどうかはわかりません。

　逆にいえば、会社にとっても、本人にとっても"賭け"ともいえるわけですから、昇進を判断する際は、しっかりと社長面接を行なって、本人のやる気やビジョンを確認することが大切となります。

　それでは、「**昇格基準表**」を作成しましょう。なお、下表のA、Bなどの点数は例示ですのでイメージとしてとらえてください。

◎「昇格基準表」の例◎

等級	①等級基準	②評価結果	【参考】新卒新入社員からの最短〜標準年数	③上司推薦	④資格取得・研修	⑤社長面接
4等級⇒5等級	○	B以上5回かつA以上4回	5〜10年	○	—	○
3等級⇒4等級	○	B以上4回かつA以上3回	4〜8年	○	○	○
2等級⇒3等級	○	B以上3回かつA以上2回	3〜5年	○	○	○
1等級⇒2等級	○	B以上2回かつA以上1回	2〜3年	—	○	—

表の①「**等級基準**」は、等級基準表で定めた等級定義や等級基準（求められる仕事レベル）をほぼ満たした場合に、その等級レベルに到達したとみなします。これが1つ目の要件です。

②「**評価結果**」は、直近1年間に行なわれた評価結果の平均値を算出し、たとえば85点以上を評価S、75点以上85点未満を評価A、65点以上75点未満を評価B、55点以上65点未満を評価C 55点未満を評価Dとしてランク付けし、そのランクの回数を昇格要件とします。

小さな会社の場合、社員のほとんどが中途採用者だと思いますが、1つの目安として「【参考】新卒新入社員からの最短〜標準年数」を記載しておくと、人材育成のツールとしても役立ちます。

③「**上司推薦**」は、社員に一番近くで指示・指導を行ない、社員の働きぶりを肌で感じている直属上司が、社長や役員に対して、部下の昇格を推薦するという欄です。

対象社員と直属上司の連名による「昇格申請書」を社長や役員に提出します。部下の上司に対する尊敬、上司の部下に対する期待の表われでもあります。

④「**資格取得・研修**」は、成長ステージを上げるために、業務に必要となる公的資格の取得や各種研修の受講を昇格要件とすることです。

たとえば、店舗であれば衛生管理者、物流会社であれば運行責任者、不動産会社であれば宅地建物取引士などがあげられます。社員のキャリアアップの目標となるように、階層別、等級別、職種別の研修プログラムをつくっておいてもよいでしょう。

昇格基準表の最後は、⑤「**社長面接**」です。

小さな会社の場合、"暗黙の了解"で役職者が決定することが多

いのが現状です。すでに昇格レベルにあることは社長も十分にわかっているわけですから、一般的な面接とは主旨が違います。

　社長面接の目的は、会社が社員に求めるスキルや役割の再確認はもちろんのこと、社員の昇格に対していままで以上の期待を込めるうえで"社長の思い"をしっかり伝えることです。

🏢 「降格ルール」を決める

　次に、「降格基準表」を作成します。

　わが国では、会社の規模や業種を問わず、降格はほとんどない、あるいは実施したことがない会社が多いのではないでしょうか。

　「降格」とは、人事制度を活用して等級基準に該当しなくなった場合、もしくは評価結果が悪く継続的な改善が見込まれない場合に、人事制度の運用として降格させることをいいます。

　細かいことですが、会社の「就業規則」で定められていることがある懲戒罰としての「降格処分」とは考え方が違いますので、注意してください。

◎「降格基準表」の例◎

等級	等級基準	評価結果	社長面接
5等級 ⇒ 4等級	○	2年連続C以下	○
4等級 ⇒ 3等級	○	2年連続C以下	○
3等級 ⇒ 2等級	○	2年連続C以下	○
2等級 ⇒ 1等級	○	2年連続C以下	○

　ここでのポイントも、「社長面接」です。

　「どうして降格なのか」「今後、どうやって改善するのか」をしっかりと話し合ってください。

　もしかすると、対象社員は、人間関係やプライベートでトラブルを抱え込んでいるのかもしれません。社長はもちろん、会社の誰に

も言えないことで悩んでいるのかもしれません。

いずれにしても「一方的な降格通知」はお勧めできません。

また、ルールにもとづいた降格はやむを得ないことですが、「気持ちを入れ替えて、再出発してがんばれば、1年後に元に戻す」という "リベンジ" の機会を設けることも大切だと思います。

「やり直しはできないかもしれないが、出直しは心がけ次第で誰しもできる」と、社員を信じることも社長には必要なのです。

🏢 「昇進ルール」を決める

次に、「昇進基準表」を作成します。

一般的に「出世した」という場合は、役職が上がること、つまり昇進のことを指します。

◎「昇進基準表」の例◎

役職	対象等級	昇進基準	社長面接
部長・工場長	4・5等級	経営判断能力の高い社員を候補者とし、そのなかから役員会議において適性・人望などを勘案して選出する。	○
課長	3・4等級	マネジメント能力の高い社員を候補者とし、そのなかから役員会議において適性・人望などを勘案して選出する。	○
主任	2・3・4等級	後輩に対する指導力のある社員を候補者とし、そのなかから役員会議において適性・人望などを勘案して選出する。	○

ここでのポイントは、「役職者の選出方法をどうするか」です。

「等級」は、個人の能力や会社が求める役割によって決定します

が、「役職」は組織上の必要性によって決定します。したがって、必ずしも等級と役職が連動する必要はありません。

なお、会社が期待した成果を上げた社員には金銭で報いても、一定以上の役職に昇進できるのは、社長の思いや考え方、そして経営理念にもとづいて功績を上げた社員に限定すべきです。

昇進については、3つのパターンを紹介します。

「これが正解！」という決まりはありませんので、自社の考えに沿ったものを選択するとよいでしょう。ただし、小さな会社では【パターン①】がわかりやすく運用しやすいでしょう。

等級と役職の関係性、3つのパターン

【パターン①】等級と役職が連動する方法。たとえば、「3等級に昇格と同時に主任に昇進する」など。

【パターン②】各等級から役職者が任命される方法。たとえば、「主任は3等級のなかから適任者を選ぶ」など。

【パターン③】複数の等級から役職者が任命される方法。たとえば、「主任は2等級および3等級のなかから適任者を選ぶ」など。

＜等級＝役職の場合＞

等級	役職
5等級	部長
4等級	課長
3等級	主任
2等級	—
1等級	—

（例）3等級に昇格と同時に主任に昇進する。

＜等級≠役職の場合＞

等級	役職		
5等級			部長
4等級		課長	
3等級	主任		
2等級			
1等級			

（例）主任は2〜4等級のなかから適任者を指名する。

🏢「降職ルール」を決める

最後に、「**降職基準表**」を作成します。

◎「降職基準表」の例◎

役職	降職基準	社長面接
すべての役職	役員会議において、「役職としての役割を全うしていない、もしくはまわりの社員やお客様に対して悪い影響を与えているなど、役職者としてふさわしくない」と判断された場合。	○

　ここでのポイントも降格基準と同様、降職の原因を可能な限り確認することと"リベンジ"機会の付与を検討することです。

　社員が降職になると、社内でも動揺が走ったり、社外に対しても影響が発生したりすることもあるので、慎重な対応が必要となります。

評価は年１回？ 年２回？
それとも…

■ なぜ、評価対象期間は「６か月」なのか？

「皆さんの会社では、人事評価は年に何回していますか？」

一般的には年２回が最も多く、次に多いのが年１回、または賞与査定で年２回・昇給査定で年１回、合わせて年３回となるでしょう。いずれにしても、人事評価は年に１〜３回ということです。

では視点を変えて、もう１つ質問です。

「あなたは、１年前（少し "おまけ" して半年前）の社員の働きぶりを覚えていますか？」

なかには、社員の働きぶりを手帳などにメモで残しているケースもないわけではありませんが、おぼつかない記憶をたどるしかないという上司が多いのではないでしょうか。

このおぼつかない記憶をたどって行なわれているのが、人事評価の実態なのです。

たとえば、「評価は年２回」という場合は、一般的な評価対象期間は約６か月間となります。この「６か月」の根拠はどこにあるのでしょうか。これは多くの方の想像どおり、年２回支払われる賞与の査定に人事評価を組み込ませているからなのです。

まずは、小さな会社でよくある「人事評価・査定→賞与支給のタイムスケジュール」を確認しておきましょう。

- ●評価対象期間は昨年の12月から今年の６月まで
  - →７月に夏季賞与支給（評価期間は約７か月間）
- ●評価対象期間は今年の７月から11月まで
  - →12月に冬季賞与支給（評価期間は約５か月間）

　どうしても「どちらの評価対象期間も6か月にしたい」というこだわりがあれば、「11月～4月の評価で夏季賞与、5月～10月の評価で冬季賞与」としてもよいでしょう。

　話は変わって、昇給の根拠となる人事評価はどうしているのでしょうか。

　「昇給時期は毎年4月」という会社が多いのですが、「人事評価を昇給にどのように反映させるか」については、会社によってさまざまな考え方があります。

　代表的なものは、次の2つのパターンです。

● 直近2回の評価を足して2で割った平均値を昇給に反映させる
● 賞与のための評価とは別に「昇給のための評価」を行なう

　後者の場合、賞与が利益配分を目的の1つとしていることから、成果目標に重点が置かれていることが多いのですが、小さな会社には賞与用・昇給用の2種類の評価シートは不要だと思います。

　なぜなら、評価制度は、社員の成長段階を確認するためのツールですから、わざわざ成果目標に重点を置いたりするよりも、日常の業務遂行プロセスをしっかりとチェックして、認めるべきところは認め、改善点があればそれを指摘することに主眼を置くべきではないでしょうか。

　「評価制度は、社員の成長段階を確認するためのツール」と考えると、そもそも賞与や昇給を決めるために行なわれている「評価対象期間は約6か月」はほとんど意味をなさないことになります。

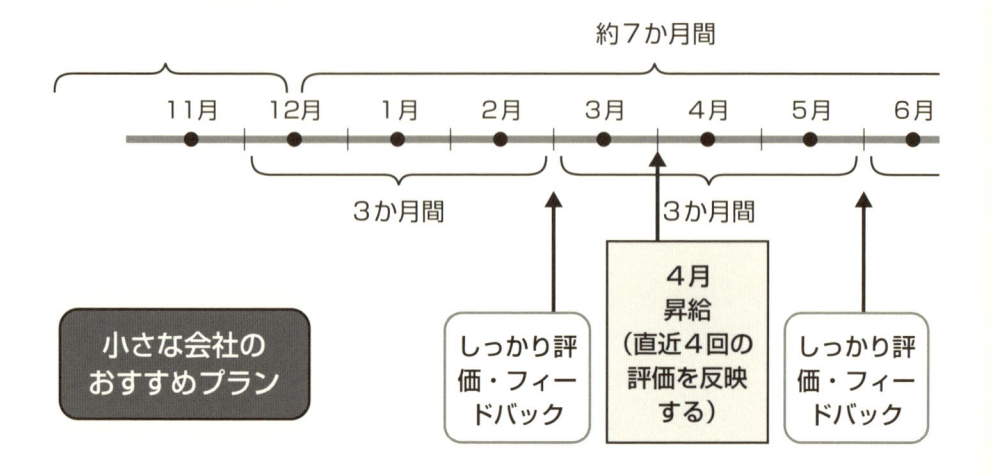

◎評価対象期間は「3か月」

小さな会社の
従来のプラン

約7か月間

| 11月 | 12月 | 1月 | 2月 | 3月 | 4月 | 5月 | 6月 |

3か月間

3か月間

小さな会社の
おすすめプラン

しっかり評価・フィードバック

4月
昇給
（直近4回の評価を反映する）

しっかり評価・フィードバック

🏢 小さな会社の評価対象期間は「3か月」がおすすめ

　では、具体的に「評価対象期間は何か月にすべきか」ですが、小さな会社の場合は、「3か月ごとの評価そしてフィードバック」をおすすめします。

　従来の「半年や1年ごとに1回」という認識をもつ社長や社員からすると、「とてもそんな時間は取れない」という意見もあると思います。

　しかし、3か月ごとのフィードバックによって承認と改善のサイクルが短くなり、コミュニケーションがあたり前になれば、上司と部下の「信頼関係」も高まります。

　信頼関係が高まることで心理的安全性が確保でき、社員の成長速度はさらに早まります。

　3か月ごとの評価・フィードバックであれば、社員の働きぶりも、

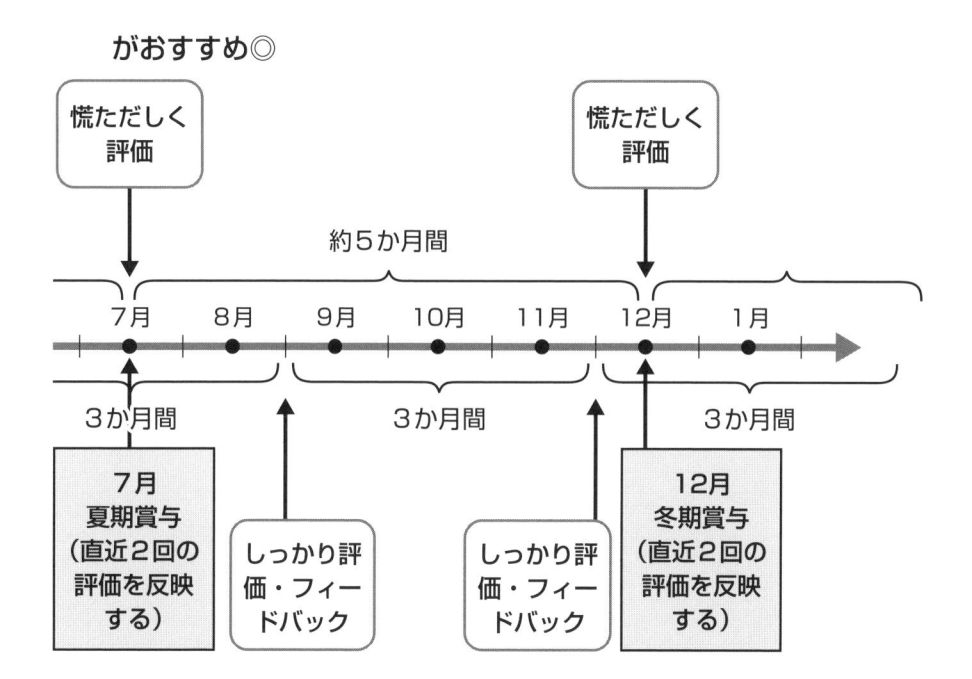

がおすすめ◎

慌ただしく評価

約5か月間

7月　8月　9月　10月　11月　12月　1月

3か月間　　3か月間　　3か月間

7月
夏期賞与
（直近2回の
評価を反映
する）

しっかり評価・フィードバック

しっかり評価・フィードバック

12月
冬期賞与
（直近2回の
評価を反映
する）

　おおむね記憶にとどまる可能性が高いので、曖昧な評価を最小限にでき、自信をもった評価が可能となります。

　また、社員にとって思ったような評価結果を得ることができなくても、社長や上司の支援により「リベンジのきっかけ」をつくることもできるのです。

　したがって、小さな会社の評価対象期間は「3か月」をおすすめします。

7-6 「評価制度」の "常識" を疑ってみる

「成果項目」は入れなければいけないのか？

人事評価といえば、必ずといっていいくらい、「成果項目」に数値目標が掲げられています。

売上や利益といった数値目標を一方的に設定し、社員に対して「激を飛ばす」やり方の会社もあるようですが、これで本当に「社員の育成」につながるのか、はなはだ疑問です。

社員の成長を判断するためには、成果という結果だけではなく、そこに至るプロセスを重視することが大切なのではないでしょうか。

そこで、人事評価シートの評価項目として、成果項目を設けずに「**仕事力**」（プロセスやスキルなど、"やり方" に注目する）と「**人間力**」（仕事に対する姿勢など、"あり方" に注目する）」の2つに集約する会社も増えています。

これは、役割等級制度においても、使い勝手のよい考え方です。

必ずしも評価項目に「成果」を入れなくてはならないということはありません。

なお、いくら知識・技術が豊富で能力が高くても、人間力という土台がなければ、よい方向に開花することはありません。

「仕事力」と「人間力」を評価すれば、たとえ、評価シートに成果項目がなくても、自ずと社員1人ひとりの成長ステージがわかるように、「成果につながるプロセス、成果につながる姿勢とはどのようなことなのか」を考えなければなりません。

成果を出せる社員と成果が出ない社員との違いは、社員の能力差というよりも、成果につながるプロセスと成果につながる姿勢を習慣化しているかどうかの差といえるのです。

◎花・幹・根＝成果・プロセス・姿勢◎

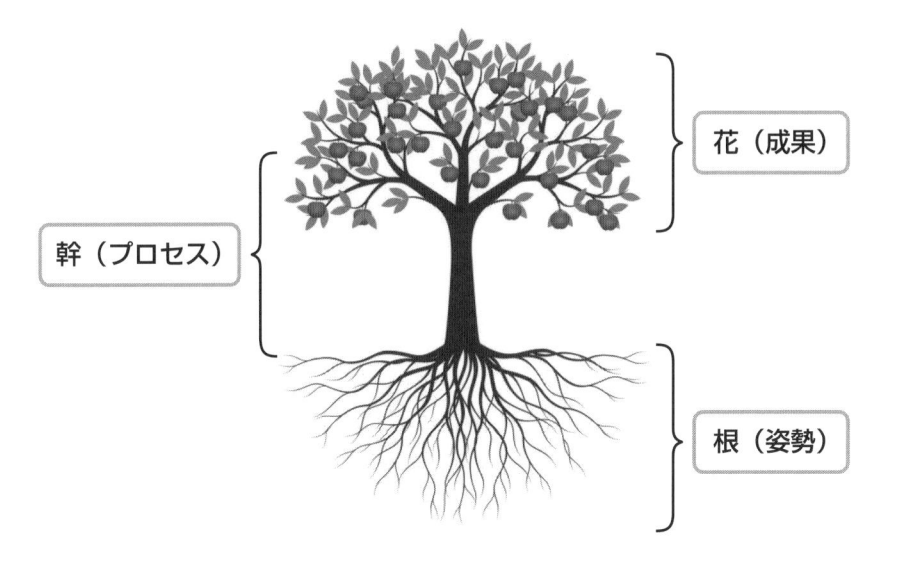

花（成果）

幹（プロセス）

根（姿勢）

評価項目を設定する際も、数か月に一度しか評価されないものよりも、日常業務を行なうに際し、習慣化できるような内容を意識的に取り入れてはいかがでしょうか。

🏢▶「考課者訓練」を行なわないと評価できないのか？

人事制度の運用時においてよくあるのが「部下の人事評価に自信がないので、考課者訓練（評価者向けの研修）で問題点を解決したい」という類の相談です。

最初に結論をお伝えすると、基本的には**考課者訓練は不要**です。別の言い方をすると、そもそも考課者訓練を必要とするような人事制度は小さな会社には必要ありません。

たとえば、5段階評価で点数を付けても、結果は3～5の評価点となることがほとんどです。評価者にとって、評価1や評価2を付けることはストレスになります。

そもそも評価3と評価4の違いは、評価者の感情や性格に左右さ

れることもあります。どれだけ考課者訓練を行なっても、評価基準を統一することは、きわめて難しいと言わざるを得ません。

たとえば、総合評価が「Ｓ：85点以上、Ａ：75点以上、Ｂ：65点以上…」だとして、74点のＢ評価と75点のＡ評価の違いを説明できる評価者はほとんどいないでしょう。

考課者訓練を行なっても、このような問題は解決しません。

まずは、人事評価に正確さを求めることを、ある程度あきらめなければいけないことを理解する必要があります。

「人が人を正当に評価しよう」と思うこと自体が、人事制度を機能させなくしているのです。

それを前提として、会社としては「どういう行動をすれば成長できるか」「どういう行動をすれば高い評価が得られるのか」を社員に対して示すことで、社員を裁くのではなく社員を育てるためのメッセージを送ることが大切です。

人事評価においては、正確さをある程度犠牲にしつつも、上司と部下の信頼関係を高め、心理的安全性を確保するための優れたコミュニケーションツールと位置づけるほうが理にかなった考え方なのです。

ただし、「考課者訓練」のなかにも参考となるものがあります。

一般的には「**評価エラー**」といわれていますが、評価者が人事評価を行なう際に陥りやすいミスを、事前に注意事項としてインプットすることは大切です。

評価エラーの代表例を紹介しておきますので、人事評価を行なう際は参考にしてください。

◎主な「評価エラー」◎

ハロー効果	特定の優れている（劣っている）点が見られれば、その被評価者全体の評価まで優れている（劣っている）とみなしてしまうこと。
中心化傾向	評価で優劣を付けることで、被評価者が反発することや評価が低いとモチベーションが下がることを気にするあまり、評価が中心に偏ってしまうこと。
寛大化傾向	部下から嫌われたくないためや被評価者の仕事内容をしっかり把握できていないため、全体的に評価が甘くなってしまうこと。
期末誤差	本来であれば、全期間を評価対象期間として判断すべきところ、評価期間の後半における被評価者の成功や失敗をもとに評価してしまうこと。
逆算化傾向	先に評価結果を想定して、それに辻褄が合うように各評価を決めていくこと。
自己投影効果	被評価者が自分と似た意見をもっていたり同じ行動をすると高い評価を付けてしまったり、逆に異なる意見をもっていたり異なる行動をすると低い評価を付けてしまうこと。

評価は「絶対評価」でなければならないのか？

　もう1つ、人事制度の運用時においてよくいわれるのが「人事評価は、絶対評価でなければならないのか」というものです。

　こちらも、最初に結論を伝えると、各社員に対する評価は絶対評価にすべきだが、処遇に反映させる場合は相対評価も取り入れてバランスを重視すべきです。

　ここで、「絶対評価」と「相対評価」の違いについて押さえてお

きましょう。

　絶対評価とは、あらかじめ設定しておいた目標を達成できたかどうかによって、評価を決定する方法です。

　相対評価とは、他者との比較によって自分の成績が決まる方法です。

　相対評価だと、たとえば、社員が10名とした場合に、あらかじめ「Aランク2名、Bランク3名、Cランク5名」というように各ランクの人数枠を決めておき、そこに当てはめることで社員の成績を決定します。

　年功序列型人事制度をメインとしていた頃は相対評価が主流でしたが、成果主義型人事制度の導入などによって絶対評価に切り替えている会社が多くなっています。

　次に、絶対評価と相対評価のメリット・デメリットについても押さえておきましょう。

◎「絶対評価」と「相対評価」のメリット・デメリット◎

	絶対評価	相対評価
メリット	●評価者、被評価者ともに納得感を得やすい ●個々の被評価者の強みと課題がわかりやすい ●個々の被評価者の成長を把握しやすい	●評価者が評価をしやすい ●評価が評価者に左右されない ●組織内で競争意識が高まる
デメリット	●評価が評価者に左右されやすい ●適正な評価基準の設定が難しいことがある	●評価は所属組織内に限られる ●個々の被評価者の成長を把握しづらい

　以上、3つの視点から評価制度の常識を疑ってみました。

　評価制度は、絶対的なものではなく、会社の経営状況や社会状況などの外的要因によっても適宜見直しを行なわなければなりません。

　また、社員1人ひとりの仕事観や働き方の多様化などにより、すべての社員に納得してもらう評価制度の設計・運用は不可能です。「いかに精度の高い評価制度をつくるか」ではなく、「**いかに社員に納得してもらうか**」の視点が大切となるのです。

　そして、評価者も「目に見える成果や行動」に注目することは当然として、それ以上に「**目には見えない会社に対する成果や行動**」を把握できる洞察力が必要となります。

　どのような組織にも、"縁の下の力持ち"のような社員は存在します。

　また、評価シート上での点数は高得点ではないかもしれませんが、組織の"重石"となる存在感のある社員もいます。

　このような人材こそ、「会社の宝」といえるのです。

7-7 小さな会社の 「評価制度」はこうする！

① 「評価シート」の種類、「評価項目」「着眼点」「ウエイト」を決めましょう。小さな会社にお勧めは、以下のとおりです。

- 評価シートの種類⇒「一般職・リーダー職・管理職」の3種類
- 評価項目と着眼点⇒**職種共通タイプ**（評価項目が職種によって明らかに違う場合は職種別にする）、「**成果（2種類）・プロセス（5〜7種類）・勤務態度（4種類）**」
- ウエイト⇒最初はナシ（人事評価に慣れてきたらウエイト検討）

	評価項目	着眼点
成果評価	仕事の質	（正確さ）
	仕事の量	（速さ）
プロセス評価		
姿勢評価	協調性	
	積極性	
	規律性	
	責任感	

②次に、「評価者」を決めましょう。**小さな会社にお勧めは「自己評価→社長評価」**または「自己評価→直属上司評価→社長を交えた評価決定会議」です。

③次に、「評価区分」を決めましょう。**小さな会社にお勧めは「各評価項目は4段階評価。総合評価は平均点を算出してS・A・B・Cの4段階評価」**です。総合評価区分は全員の評価を行なったうえで"落としどころ"を見つけてください。

<各評価項目の評価区分>		<総合評価区分>		
4…	S…	以上	
3…	A…	以上	未満
2…	B…	以上	未満
1…	C…		未満

④「評価回数」を決めましょう。**小さな会社にお勧めは「3か月ごとに評価、年4回」**です。「年2回」はお勧めできません。

「組織の成功循環モデル」に着目しよう！

　組織の人間関係に関して、マサチューセッツ工科大学のダニエル・キム教授が「組織の成功循環モデル」理論を提唱されています。

　その理論とは、組織において「関係の質」が高まると「思考の質」が高まり、「思考の質」が高まると「行動の質」が高まり、「行動の質」が高まると「結果の質」も高まる、というサイクルが循環していくというものです。

　このサイクルが好循環となるための起点が「関係の質」なのです。つまり、コミュニケーションをしっかり取って、充実した人間関係を築くことが組織の成功への出発点となるといわれているのです。

　人事制度が活かされていないという場合、内容の不備や運用の失敗が原因というよりも、「組織の成功循環モデル」がいうところの「関係の質」に課題がある場合がほとんどです。

◎組織の成功循環モデル◎

スタート

◎結果を変えるには「関係の質」から始める

関係の質
- ●コミュニケーションが活発
- ●お互い信頼・尊敬できる

思考の質
- ●社長の思い・経営理念が浸透している
- ●当事者意識がある

行動の質
- ●目標に向かって自発的に行動する
- ●積極的にチャレンジする

結果の質
- ●望んだ結果がどうか
  ↓
- ●望みどおりなら、さらに「関係の質」が高まる

8章

「報酬制度」を設計する

「報酬制度」の特徴を理解する

🏢 「報酬制度」とは

報酬制度は、人事制度の３つの柱である「等級制度」「評価制度」「報酬制度」の１つです。

「報酬制度」は、役割に対する貢献度や能力発揮などの対価として、「どのように給与や賞与を決定するか」を明らかにしたしくみです。

報酬には、給与・賞与の他に退職金や福利厚生も含めることができます。報酬制度によって、社員は適正な報酬を得ることができます。

社員の行動がしっかりと評価され、報酬として適正に還元されると、「もっとがんばろう」という意思が働き、さらなる行動強化につながります。

🏢 「報酬制度」の目的とは

報酬制度の主な目的をわかりやすくまとめると、次の２つがあげられます。

> #### 「報酬制度」の目的
>
> ①社員の「モチベーション」を高める
> ②「人件費をコントロール」する

１つ目は、「社員のモチベーションを高める」ためです。

報酬制度があることによって「どのようにすれば自分の給与や賞与が上がるのか」「将来的にはどの程度の給与になるのか」がある程度、明確になるため、仕事にやりがいを見出しやすく、モチベー

ションが高まります。

　さらに、モチベーションが高まることで社員の定着化にもつなが
ります。

　2つ目は、「**人件費をコントロールする**」ためです。

　報酬制度があることで、「どのような役割を果たし、どのような
能力を発揮すると、どれくらいの報酬を支払うのか」を予算内で適
切に管理できます。

　従来の年功序列型の報酬形態では、成果に関係なく、ただ勤続年
数が長いというだけで高い報酬が支払われていることが往々にして
ありました。

　さらに、小さな会社では、社長の考え1つで給与や賞与が決まっ
ていることが多く、仕事にやりがいを見つけだそうとしている若手
社員のモチベーション低下の要因にもなっていました。

　報酬制度を見直すことで、役割をしっかり果たし、能力をいかん
なく発揮する社員に対して高い報酬を支払うようにしなければなり
ません。

　そうすることで、生産性の高い社員へ相応の報酬を支払うことが
でき、人件費の適正化にもつながるのです。

8-2 「基本給」は "何に対して支払うか"

「基本給」とは

「基本給」とは、給与のなかで主たる部分を占め、年齢、学歴、勤続年数、経験、能力、資格、地位、職務、業績など社員本人の属性や従事する職務にともなう要素によって算定されるものです。

基本給と一口にいっても、いくつかの要素をまとめて基本給としていることもあります。たとえば、年齢給、勤続給、職能給という3つを合わせて基本給としている場合などです。

なお、家族手当や住宅手当、通勤手当など社員本人の属性にともなう手当、職務にともなう要素によって算定されるとはいえない手当、一時的に従事する特殊な作業に対して支給される手当などは基本給とはされません。

「基本給」と「月収」「月給」「手取り」の違い

基本給と間違って使われやすいものとして、「月収」「月給」「手取り」がありますので、ここで整理してみましょう。

「月収」は、基本給に「固定手当」と「変動手当」を足したものです。

固定手当とは、役職手当や家族手当など、毎月一定額、固定で支払われる手当をいいます。

変動手当とは、時間外手当（残業代）やインセンティブなど、月によって金額が変わる手当をいいます。

「月給」は、基本給に固定手当を足したもので、変動手当は含まれません（月収から変動手当を除いたものです）。

「手取り」は、月収から、税金や社会保険料などを差し引いたものです。会社によっては、社宅使用料、社員旅行積立金などを差し

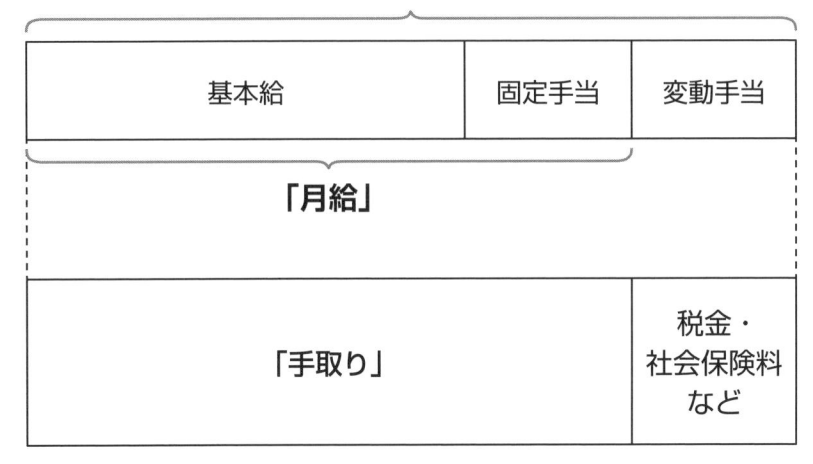

◎基本給、月収、月給、手取りの違い◎

「月収」

基本給	固定手当	変動手当

「月給」

「手取り」	税金・社会保険料など

引くことがあります。

🏢「基本給」を決める "5つの要素"

　自社にとって最適な基本給を決めるに際しては、「何をもって基本給とするのか」といった根拠が必要となります。

　その根拠となる主なものは、「①年齢、②勤続年数、③能力、④役割・職務、⑤業績・成果」の5つの要素です。

　従来のわが国では、年功序列が主流だったため、年齢や勤続年数によって基本給を決定する会社が多数を占めていました。定期的な昇給があることで、安定した報酬が望めるため、会社に対する帰属意識も高かったといえます。

　ところが、組織の高齢化とともに人件費が高騰し、さらには年齢や勤続年数によって給与が決まる制度に対する若手社員の不満などにより、年齢や勤続年数を根拠とする基本給は見直しを余儀なくされているのが現状です。

　そこで6章で解説したように、「職能資格制度」「職務等級制度」「役割等級制度」という3つの等級制度が活用されています。

職能資格制度は、主に能力を根拠としています。

職務等級制度は、主に職務を根拠としています。

役割等級制度は、主に役割を根拠としています。

ただし、職能資格制度は主に能力を根拠としているのであって、業績・成果をまったく顧みないわけではありません。

同様に、役割等級制度は主に役割を根拠としているのであって、能力や業績・成果をまったく顧みないわけではありません。

▦ 「基本給」の３つのタイプ

前述の「①年齢、②勤続年数、③能力、④役割・職務、⑤業績・成果」という５つの要素により、基本給は次の３つのタイプに集約できます。

> ### 「基本給」の"３つのタイプ"
>
> ①**属人給型**…「年齢給」「勤続給」など
> ②**仕事給型**…「職能給」「職務給」「役割給」など
> ③**総合給型**…「勤続給＋職能給」の組み合わせなど

「**属人給型**」は、年齢、勤続年数など、社員本人の属性によって基本給を決定します。

このタイプは、安定的な昇給が見込める反面、スキルや成果が給与に結びつかない場合、モチベーションの低下を招く可能性があります。

「**仕事給型**」は、能力、成果、役割・職務といった仕事内容によって基本給を決定します。

このタイプは、職能資格制度、職務等級制度、役割等級制度という等級制度がベースとなります。

【年齢給】の例

年齢	金額	ピッチ
18	500	
19	1,000	500
20	1,500	500
21	2,000	500
22	2,500	500
23	3,000	500
24	3,500	500
25	4,000	500
26	4,500	500
27	5,000	500
28	5,500	500
29	6,000	500
30	6,500	500
31	7,000	500
32	7,500	500
33	8,000	500
34	8,500	500
35	9,000	500
36	9,500	500
37	10,000	500
38	10,500	500
39	11,000	500
40	11,500	500
41	11,500	
42	11,500	

> 一定年齢に達したら昇給ストップが一般的です。

【勤続給】の例

勤続年数	累計金額	年当り加算額
0	0	
1	1,000	1,000
2	2,000	1,000
3	3,000	1,000
4	4,000	1,000
5	5,000	1,000
6	6,000	1,000
7	7,000	1,000
8	8,000	1,000
9	9,000	1,000
10	10,000	1,000
11	11,000	1,000
12	12,000	1,000
13	13,000	1,000
14	14,000	1,000
15	15,000	1,000
16	16,000	1,000
17	17,000	1,000
18	18,000	1,000
19	19,000	1,000
20	20,000	1,000
21	20,000	
22	20,000	

> 一定勤続年数に達したら昇給ストップが一般的です。

【職能給】の例

1 等級 （ピッチ1,000円）

号俸	金額
24号俸	223,000
23号俸	222,000
〜	〜
14号俸	213,000
13号俸	212,000
12号俸	211,000
11号俸	210,000
〜	〜
2号俸	201,000
1号俸	200,000

2 等級 （ピッチ2,000円）

金額
258,000
256,000
〜
238,000
236,000
234,000
232,000
〜
214,000
212,000

3 等級 （ピッチ3,000円）

金額
305,000
302,000
〜
275,000
272,000
269,000
266,000
〜
239,000
236,000

4 等級 （ピッチ4,000円）

金額
364,000
360,000
〜
324,000
320,000
316,000
312,000
〜
276,000
272,000

5 等級 （ピッチ5,000円）

金額	号俸
435,000	24号俸
430,000	23号俸
〜	〜
385,000	14号俸
380,000	13号俸
375,000	12号俸
370,000	11号俸
〜	〜
325,000	2号俸
320,000	1号俸

「**総合給型**」は、属人給型と仕事給型を組み合わせることによって基本給を決定します。

このタイプは、個人的要素と仕事的要素のどちらも考慮しているためバランスがよく、わが国では広く採用されてきました。

３つのタイプにはそれぞれに特徴がありますから、会社の組織風土や業界の慣習、地域相場を考慮して、自社のめざす方向性に合わせて、自社にとって最適な基本給のあり方を検討しましょう。

なお、業績が向上している会社には、一見"時代遅れ"とも思える年功序列型の給与体系を取り入れている会社が少なくありません。

業績が伸びているからこそ年功序列型が機能しているともいえますが、そこには人間心理の本質を突いた明確な理由をもって年功序列型の給与体系を継続している会社もあります。

「仕事をバリバリこなして、結果を出してお金をたくさんもらうぞ」というような成果主義を心から歓迎している社員が多いとは思えません。むしろ、社員の多くは、会社の経営状態が安定して、職場の人間関係も不安がなく、将来に向けて夢や希望がもてることを望んでいるのです。

結果だけを追い求めるのではなく、日々の行動や日頃の努力に対して報いてもらえるほうを望んでいるのではないでしょうか。職場の雰囲気によっては、年功序列型の給与体系を維持したほうが社員の納得度が高いこともあることに留意してください。

8-3 「基本給」の "昇給メカニズム" を理解する

■ 「昇給ルール」を決める

高度経済成長期のように「昇給はあたり前」という時代は終焉しました。今後は、人事評価と連動したうえで、人件費の予算内で昇給を実現できる方法を模索しなければなりません。

まずは、「基本給がどのようにして決定されるのか」について、4つの方式を説明します。決定方式には次の4種類があります。

> ### 「昇給決定」の4つの方式
>
> ①シングルレート方式
> ②レンジレート方式（給与テーブルあり・なし）
> ③リセット（洗い替え）方式
> ④スライド方式

1つ目は、「シングルレート方式」です。この方式は、等級ごとに基本給を決めるので、社員にとってわかりやすい方式です。

たとえば、「1等級は20万円、2等級は25万円、3等級は30万円…」とメリハリのある設定が可能となります。もちろん、同一等級であっても、製造・営業・総務など職種によって金額に差を設けることも可能です。

この方式はわかりやすいのですが、等級が上がらない限り、昇給しないため、社員のモチベーション低下のリスクが考えられます。

わが国では、この方式の導入は少ないのですが、もし導入を検討する場合は、管理職層に対象を限定したほうが無難といえます。

2つ目は、「レンジレート方式」です。この方式は、等級ごとに

【「レンジレート方式（給与テーブルあり）」の例】

（月額）

	1等級	2等級	3等級	4等級	5等級
1	200,000	212,000	236,000	272,000	320,000
2	201,000	214,000	239,000	276,000	325,000
3	202,000	216,000	242,000	280,000	330,000
4	203,000	218,000	245,000	284,000	335,000
5	204,000	220,000	248,000	288,000	340,000
6	205,000	222,000	251,000	292,000	345,000
7	206,000	224,000	254,000	296,000	350,000
8	207,000	226,000	257,000	300,000	355,000
9	208,000	228,000	260,000	304,000	360,000
10	209,000	230,000	263,000	308,000	365,000
11	210,000	232,000	266,000	312,000	370,000
12	211,000	234,000	269,000	316,000	375,000
13	212,000	236,000	272,000	320,000	380,000
14	213,000	238,000	275,000	324,000	385,000
15	214,000	240,000	278,000	328,000	390,000
16	215,000	242,000	281,000	332,000	395,000
17	216,000	244,000	284,000	336,000	400,000
18	217,000	246,000	287,000	340,000	405,000
19	218,000	248,000	290,000	344,000	410,000
20	219,000	250,000	293,000	348,000	415,000
21	220,000	252,000	296,000	352,000	420,000
22	221,000	254,000	299,000	356,000	425,000
23	222,000	256,000	302,000	360,000	430,000
24	223,000	258,000	305,000	364,000	435,000
	各ピッチ1,000	各ピッチ2,000	各ピッチ3,000	各ピッチ4,000	各ピッチ5,000

小さな会社であっても、大企業や官公庁を見習って、「賃金テーブル」（給与を設定するための基準となる表のこと）を採用しているところもあります。

評価結果にもとづいて、「評価と給与がしっかり連動すること」で社員の不安がなくなるといわれていますが、本当でしょうか？

小さな会社が自社で運用していくためには、「だいたいこんな感じで昇給する」という"おおまかな基準"があれば十分ではないでしょうか。

そして、社員の評価結果だけではなく会社の業績も処遇決定の条件とすれば、より一体感のある組織をめざすことができるでしょう。

＜昇給パターン：「本人の評価」と「会社の業績」を連動させる → 号俸で表示＞

※会社の業績の具体的な数値をあらかじめ周知しましょう（売上、経常利益、粗利益の目達成率など）

	本人の評価点数		会社の業績 10%以上ダウン	会社の業績 5%以上ダウン	会社の業績 ほぼ変わらず	会社の業績 5%以上アップ	会社の業績 10%以上アップ
S	80点〜	S	現状維持	1号俸アップ	2号俸アップ	3号俸アップ	4号俸アップ
A	70点〜79点	A	現状維持	現状維持	1号俸アップ	2号俸アップ	3号俸アップ
B	60点〜69点	B	現状維持	現状維持	現状維持	1号俸アップ	2号俸アップ
C	50点〜59点	C	現状維持	現状維持	現状維持	現状維持	1号俸アップ
D	〜49点	D	現状維持	現状維持	現状維持	現状維持	現状維持

職能資格制度の場合、社員の「保有能力」を評価するため、基本的には減額はできません。ただし、保有能力の「発揮度合い」を評価するのであれば評価次第で減額もありえます。

【「レンジレート方式（給与テーブルなし）」の例】

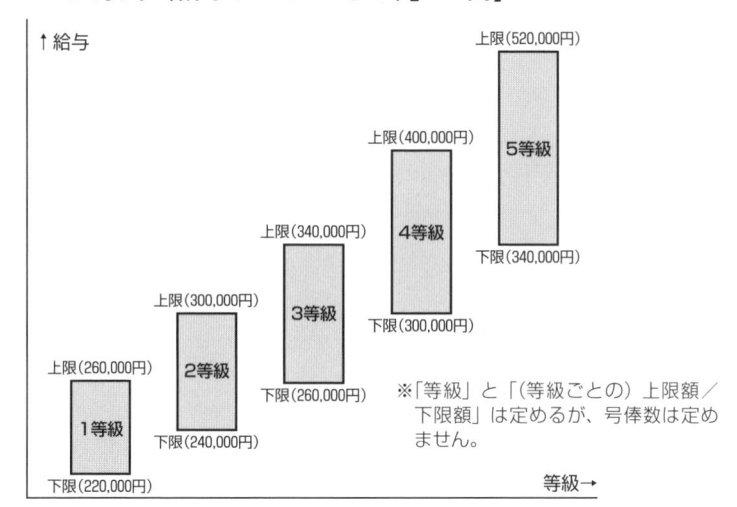

※「等級」と「（等級ごとの）上限額／下限額」は定めるが、号俸数は定めません。

＜昇給パターン①：「本人の評価」のみ反映 → 金額で表示＞

	本人の評価点数		1等級	2等級	3等級	4等級	5等級
S	80点〜	S	6,000円アップ	7,000円アップ	8,000円アップ	9,000円アップ	10,000円アップ
A	70点〜79点	A	4,000円アップ	5,000円アップ	6,000円アップ	7,000円アップ	8,000円アップ
B	60点〜69点	B	2,000円アップ	3,000円アップ	4,000円アップ	5,000円アップ	6,000円アップ
C	50点〜59点	C	現状維持	現状維持	現状維持	現状維持	現状維持
D	〜49点	D	現状維持	現状維持	現状維持	現状維持	現状維持

＜昇給パターン②：上記①に「会社の業績」を連動させる＞

※会社の業績の具体的な数値をあらかじめ周知しましょう（売上、経常利益、粗利益の目達成率など）

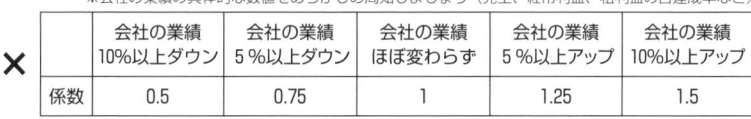

昇給パターン① の金額	×	会社の業績 10％以上ダウン	会社の業績 5％以上ダウン	会社の業績 ほぼ変わらず	会社の業績 5％以上アップ	会社の業績 10％以上アップ
	係数	0.5	0.75	1	1.25	1.5

　上限金額と下限金額を設定し、人事評価の結果にもとづいて昇給します。

　等級ごとに上限があり、要件を満たせば次の等級に昇格します。社員の昇給インセンティブも確保できる一方で、年功序列的になることがあります。もちろん、同一等級であっても製造・営業・総務など職種ごとに金額を定めることもできます。

さらに、各等級のなかで"号俸"を定めることもできます（一般的には、「給与（賃金）テーブル」ともいわれています）。

たとえば、「1等級は1,000円ピッチで1号俸200,000円、2号俸201,000円、3号俸202,000円…。2等級は2,000円ピッチで1号俸212,000円、2号俸214,000円、3号俸216,000円…」となります。

"号俸"を用いた「給与テーブル」をつくることで、一見わかりやすいしくみが出来上がったと思われることが多いのですが、実際にはこの「給与テーブル」があることで年功序列的になってしまうことも事実です。

さて、ここで、小さな会社にお勧めの方法を紹介しましょう。

過去の昇給額を等級ごとに大まかな数値を落とし込んで、まず「**昇給基準表**」を作成します。あとは、社員の評価と等級、そして会社の業績により昇給額を決定するというものです。

◎「昇給基準表」の例◎

	S	A	B	C	D
5等級	9,000〜11,000円アップ	7,000〜9,000円アップ	5,000〜7,000円アップ	現状維持	現状維持
4等級	7,000〜9,000円アップ	5,000〜7,000円アップ	3,000〜5,000円アップ	現状維持	現状維持
3等級	5,000〜7,000円アップ	3,000〜5,000円アップ	1,000〜3,000円アップ	現状維持	現状維持
2等級	3,000〜5,000円アップ	1,000〜3,000円アップ	500〜1,000円アップ	現状維持	現状維持
1等級	1,000〜3,000円アップ	500〜1,000円アップ	250〜500円アップ	現状維持	現状維持

　会社の業績によって、アップ額に差が生じます。たとえば、「1等級でS評価の場合、会社の業績がすごく良ければ3,000円アップ、昨年並みであれば2,000円アップ、すごく悪ければ1,000円アップ」というイメージです。

　会社の業績をどれくらい具体的に社員に伝えることができるかがポイントです。小さな会社では、「だいたいこれぐらいだったら高いほうの昇給額、逆にこれぐらいだったら低いほうの昇給額です」という程度で十分です。

　1つひとつ、支給実績を積み重ねていけば、人事制度に対する社員の納得度は高まります。最初から完璧をめざすのではなく、少しずつ見直しを行ないながら精度を高めていきましょう。

　上記の"別例"として「昇給基準額」に幅を設定せず、その代わりに「会社の業績係数」を乗じて会社の業績を反映させる方法もあります。

◎「昇給基準表」の"別例"◎

	S	A	B	C	D
5等級	10,000円	8,000円	6,000円	3,000円	1,500円
4等級	8,000円	6,000円	4,000円	2,000円	1,000円
3等級	6,000円	4,000円	2,000円	1,000円	500円
2等級	4,000円	2,000円	1,000円	500円	500円
1等級	2,000円	1,000円	500円	500円	500円

＜会社の業績係数の例＞

業績	10%以上アップ	5%以上アップ	ほぼ変わらず	5%以上ダウン	10%以上ダウン
係数	1.50	1.25	1.00	0.75	0.50

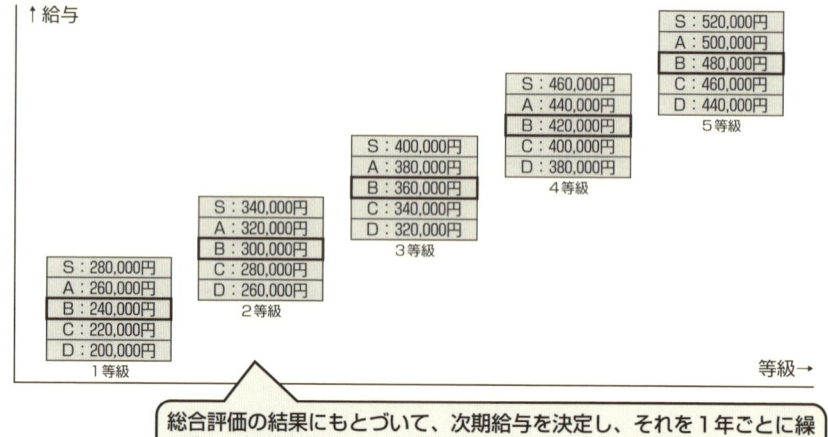

＜昇給パターン：「本人評価」のみ反映＞

> 総合評価の結果にもとづいて、次期給与を決定し、それを１年ごとに繰り返します。会社によっては、１年ごとではなく、評価のつど、評価結果に応じて給与額を変更するケースもあります。

　話をもとに戻して、昇給決定方式の**３つ目**は、「**リセット（洗い替え）方式**」です。この方式は、過去の評価を引きずらず、人事評価に応じて基本給の"リセット（洗い替え）"が行なわれ、評価結果に応じて金額が上下します。

　定期昇給はなく、人件費総額をコントロールしやすいという特徴があります。

　本人の努力が反映されやすいため、優秀な社員にとってはモチベーションアップにもつながります。

　なお、等級が上がるにつれて、評価によって金額に大きな差が生じるようにメリハリをつけてもよいでしょう。

　たとえば、「１等級は20万〜24万円（上下幅が４万円）で５段階、２等級は26万〜34万円（上下幅が８万円）で５段階、３等級は32万〜44万円（上下幅が12万円）で５段階、４等級は38万〜54万円（上下幅が16万円）で５段階、５等級は44万〜64万円（上下幅が20万円）で５段階」というように、等級が上がるほど、評価による金額差が生じることになります。

【「リセット方式（係数を使用する）」の例】

階層	役職	等級	管理職	製造	営業	総務
マネジメント層（M層）	部長	5	450,000円			
マネジメント層（M層）	課長	4	380,000円			
リーダー層（L層）	主任	3		320,000円	300,000円	280,000円
スタッフ層（S層）		2		260,000円	250,000円	240,000円
スタッフ層（S層）		1		220,000円	210,000円	200,000円

＜昇給パターン①：「本人の評価」のみ反映＞

	本人の評価点数
S	80点～
A	70点～79点
B	60点～69点
C	50点～59点
D	～49点

（M層）

	係数
S	1.2
A	1.1
B	1
C	0.9
D	0.8

（L層・S層）

	係数
S	1.1
A	1.05
B	1
C	0.95
D	0.9

＜昇給パターン②：「本人の評価」と「会社の業績」を連動させる＞

	本人の評価点数
S	80点～
A	70点～79点
B	60点～69点
C	50点～59点
D	～49点

※会社の業績の具体的な数値をあらかじめ周知しましょう（売上、経常利益、粗利益の目達成率など）

（M層）

	会社の業績10%以上ダウン	会社の業績5%以上ダウン	会社の業績ほぼ変わらず	会社の業績5%以上アップ	会社の業績10%以上アップ
S	1.1	1.15	1.2	1.25	1.3
A	1	1.05	1.1	1.15	1.2
B	0.9	0.95	1	1.05	1.1
C	0.8	0.85	0.9	0.95	1
D	0.7	0.75	0.8	0.85	0.9

（L層・S層）

	会社の業績10%以上ダウン	会社の業績5%以上ダウン	会社の業績ほぼ変わらず	会社の業績5%以上アップ	会社の業績10%以上アップ
S	1	1.05	1.1	1.15	1.2
A	0.95	1	1.05	1.1	1.15
B	0.9	0.95	1	1.05	1.1
C	0.85	0.9	0.95	1	1.05
D	0.8	0.85	0.9	0.95	1

　昇給決定方式の**4つ目**は、「**スライド方式**」です。この方式は、過去の実績をベースにして、人事評価の成績に応じて基本給がアップダウンします。

　同一等級において複数の区分に分け、区分ごとに人事評価に応じた増減額を定めます。

たとえば、「1等級の区分①はS評価5,000円アップ、A評価3,000円アップ、B評価1,000円アップ、C評価現状維持、D評価1,000円ダウン。区分②はS評価8,000円アップ、A評価5,000円アップ、B評価3,000円アップ、C評価現状維持、D評価1,500円ダウン」となります。

　この方式は、総額人件費の増減が少ないという特徴があります。

　以上、代表的な基本給の決め方として4つの方法を説明しました。

　自社で採用するのは1つの方法だけという場合もあれば、「一般職は、人材育成という目的から職能資格制度による職能給をレンジシート方式。指導職や管理職は、役割責任を重視する目的から役割等級制度による役割給をリセット方式」のように組み合わせて運用する場合もあります。

■ 小さな会社には「範囲給」がおすすめ

　基本給は、社員の会社に対する「貢献度」に報いるものです。そのため、社員が納得できる基本給の設定ができなければ、モチベーションの維持も難しくなってしまいます。

　上記で基本給の昇給メカニズムの基本について確認しましたが、今度は「基本給をどのように設定するべきか」について説明します。

　なお、ここでは、4つの昇給決定方式のなかで最も活用されている「レンジレート」（範囲給）をベースにして説明します。

　人材育成のための成長ステップと同じような考えで設定できるため、「レンジレート（範囲給）方式」は小さな会社と相性がよいのです。

　まずは、自社における貢献度の違いに応じた「グレード」（等級と同じと考えてください）を設定します。

　会社に対する貢献度、つまり、能力の高さや担っている役割や責任の大きさなどの違いをもとにして、すべての社員をグループ分け

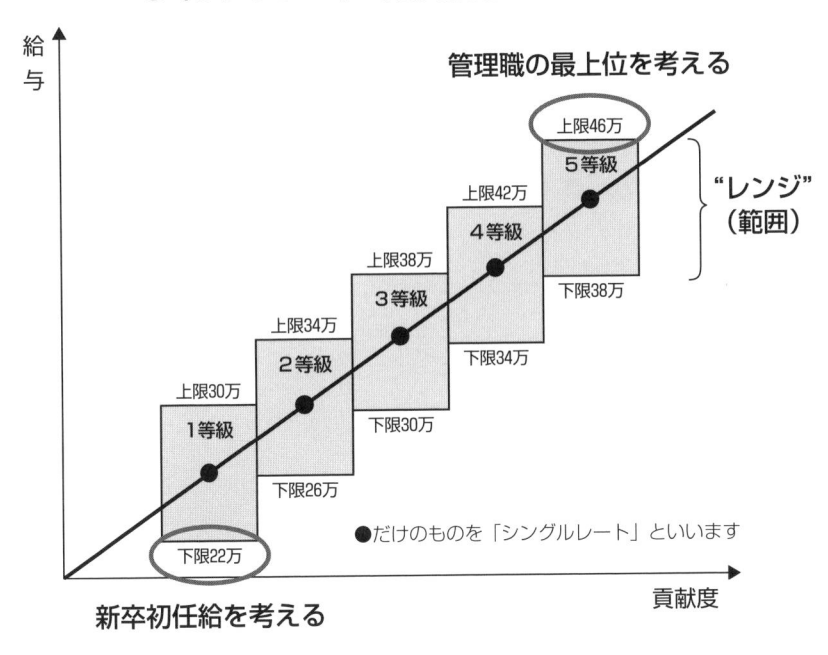

◎「レンジレート（範囲給）」のイメージ◎

管理職の最上位を考える

給与

上限46万
5等級
上限42万
4等級
上限38万
3等級
上限34万
2等級
上限30万
1等級
下限38万
下限34万
下限30万
下限26万
下限22万

"レンジ"
（範囲）

●だけのものを「シングルレート」といいます

貢献度

新卒初任給を考える

します。そのうえで、グレードごとに基本給の上限額と下限額を定めていきます（上限額と下限額を定めるので「範囲給制度」と呼ばれています）。

上限額と下限額を設定する際は、貢献度の高さと給与の高さが正比例するラインを中心点とし、グレードごとに金額の上下展開を行なって基本給のレンジ（範囲）を決めていきます。

上記のように考えると、レンジレート（範囲給）は、基本給を設定する際のベースになっているといえます。

基本給にはさまざまな種類がありますが、「職能給・職務給・役割給の違い」は、それぞれの貢献度の定義が異なるにすぎません。

職能給は、職務遂行能力が高ければ貢献度も高いと判断されます。

職務給は、担当する職務の難易度が高ければ貢献度も高いと判断されます。

役割給は、担当する職務と職務に紐づく責任が大きければ貢献度

も高いと判断されます。

　したがって、「貢献度の高さを何で判断するか」が違うだけで、職能給・職務給・役割給をはじめとしたさまざまな基本給の設計については、どれも基本的には同じと考えてもよいのです。

■「基本給」の"重複型""接続型""開差型"を選択する

　基本給の設定にともなって、「社員を昇給や昇格させた場合の上位等級との接続をどのようにするか」も検討しなければなりません。

　一般的には、等級ごとに基本給を設定するため、それぞれの等級ごとに給与レンジも設定することになります。その際に問題となってくるのが、隣接する給与レンジとの関係をどうするか、わかりやすくいえば、「隣同士、重ねるのか離すのか」ということです。

　この給与レンジの設定方法によって、基本給の性質は大きく変わってきます。

　隣接する給与レンジの重複が大きい場合は、年功序列型の給与体系としての性格をもつことになります。

　隣接する給与レンジの重複がない、もしくは開いている場合は、実力重視型の給与体系としての性格をもつことになります。

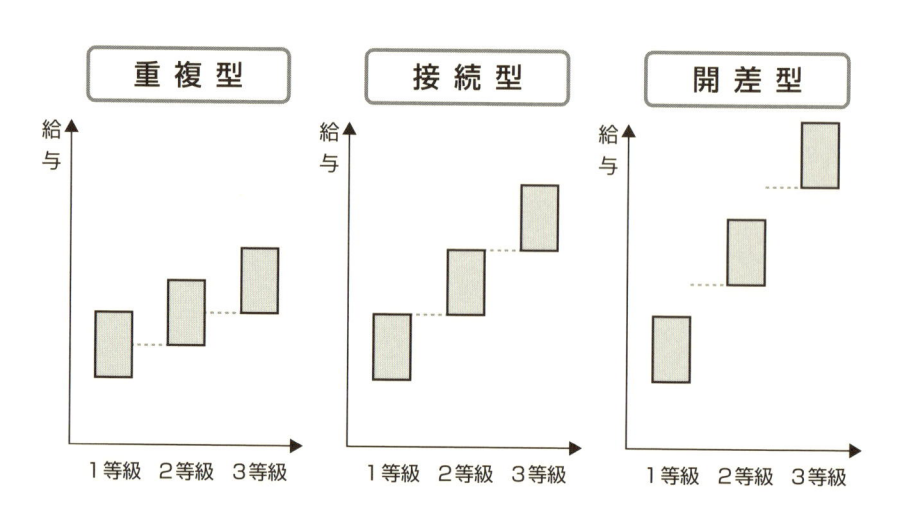

なお、隣接する給与レンジの関係性については、一般的には前ページ図の３つの型に区分することができます。

　３つの型それぞれにメリット・デメリットがあります。自社の考えに最も近いものを採用してください。また、「一般職は重複型、指導職は接続型、管理職は開差型」のようにメリハリをつけることも可能です。重複型・接続型・開差型のメリット・デメリットについては、下表にまとめておきました。

	重複型	接続型	開差型
特徴	下位等級の上限が、上位等級の下限を上回る	下位等級の上限と、上位等級の下限が同じ額になる	下位等級の上限と、上位等級の下限の間が開いている
メリット	●昇給インセンティブを確保できる ●上位等級に昇格する際、給与を決めやすい	●年功的な運用を回避しやすい ●等級間の賃金差がない分、各等級内の上下限幅は大きくなり、昇給の幅も大きくなる	●昇格インセンティブを確保できる ●能力や役割と給与の間にミスマッチが生じにくい
デメリット	●年功的な運用を回避しやすい ●下位等級の者が上位等級の者より給与が高いという逆転が起こる可能性がある	●昇格インセンティブが開差型よりも低い	●同じ等級にとどまっていると、昇給インセンティブは確保できない ●等級間に開差がある分、各等級内の上下限幅が小さくなり、その分昇給幅も小さくなる

小さな会社であれば、運用のしやすさの視点から重複型がおすすめです。

　年功序列型でマンネリ化しているように思える場合は、少しメリハリをつけるために、以下のような「重複型と開差型の併用」も検討してはいかがでしょうか。

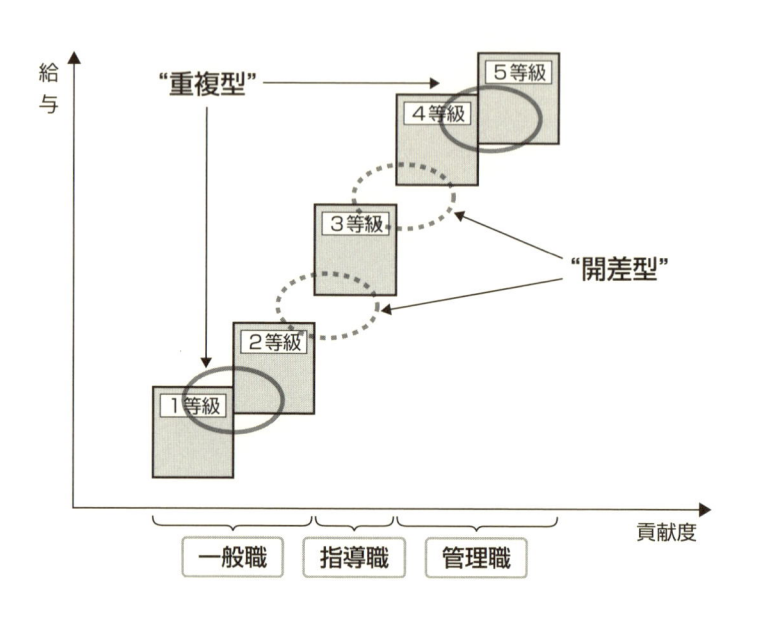

🏢 社長の "勘" は正しい？

　自社のレンジレート（範囲給）の大まかなしくみがわかったところで、次はエクセルなどを使って、実際に「シミュレーション」を行なってみましょう。

　シミュレーションを行なうと、「どうしてＡさんは３等級の主任なのに基本給がこんなに高いのだろう」「総務課長のＢさんは、決算や給与計算で毎月のように残業しているのに、給与は一般職と変わらないな」など、日ごろ気がつかなかったことに気づくことがあります。

　一方で、シミュレーション結果に大満足で、「いままで地域相場

と勘に頼って給与を決めていたけど、そんなにでたらめでもないな」と自信をもつ社長もいます。

社員からの不平・不満やさまざまな意見を少しずつ微調整し、社員1人ひとりの働きぶりや家族構成、年齢、勤続年数を頭のなかで瞬時にデータ処理をしながら、給与や賞与を決めている社長の勘は、どんなに優秀な外部の専門家と比較しても、実態に近い数値をはじき出していることが多いのです。

でも、給与や賞与の決め方がどんなに実態に即した金額であっても、社長の頭のなかにあるだけでは、社長の思いや考えは社員には伝わりません。

だからこそ、人事制度をつくるなどして、社長の思いや考え方を社員と共有するツールをつくる必要があるのです。

給与に関するさまざまなシミュレーションがありますが、年齢、等級（等級がなければ、まずは「おおまかな等級」の設計から行ないましょう）、そして評価によって上下する給与（主に基本給）を入力して、「年齢別と等級別の分布」により、各等級のレンジ（範囲）の上限・下限額を決めていきましょう。

【社員データ一覧】

No	氏名	役職	等級	年齢	基本給
1	a	工場長	5	58	430,000
2	b	開発部長	5	55	450,000
3	c	営業部長	5	38	380,000
4	d	総務部長	5	45	400,000
5	e	副工場長	4	52	380,000
6	f	開発次長	4	50	370,000
7	g	開発課長	4	35	340,000
8	h	企画課長	4	52	360,000
9	i	経理課長	4	30	300,000
10	j	開発主任	3	37	350,000
11	k	営業主任	3	29	300,000
12	l	総務主任	3	31	290,000
13	m		2	42	310,000
14	n		2	37	300,000
15	o		2	26	270,000
16	p		1	34	250,000
17	q		1	31	240,000
18	r		1	28	230,000
19	s		1	26	220,000
20	t		1	23	200,000

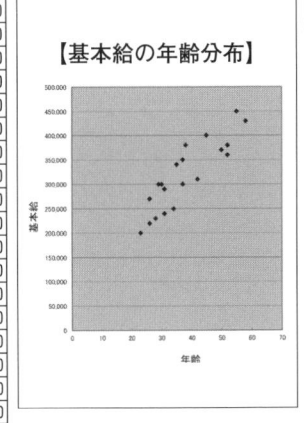

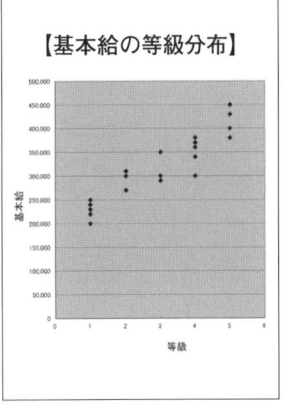

役割等級制度の「基本給」は"1本立て"or"2本立て"

次に、役割等級制度における基本給について説明します。

6章の等級制度の解説のなかで、「小さな会社には、役割等級制度が合っている」と説明しました（77ページ参照）。

役割等級制度は、「等級ごとに設定した役割・職務を遂行したかどうか」が評価ポイントですが、役割・職務を遂行するためには能力を発揮することが重要ですし、役割・職務を遂行すれば自ずと成果がついてくるわけですから、あまり細かいことにこだわらないほうがよいでしょう。

「○○という能力を十分発揮して"役割"を遂行したか」「○○という成果を達成するという"役割"を果たしたか」と言い換えれば、能力の発揮も役割の遂行もさほど差はありません。

人事制度の役割は社員の育成ですから、違和感がなければ、どちらでもかまいません。

話は少しそれますが、たとえば「報・連・相」（報告・連絡・相談）について評価する場合、これは「プロセス」なのか「姿勢（勤務態度）」なのか、どちらの項目に該当するのでしょうか。

「報・連・相は、社会人として当然のマナーだから姿勢の1つです」と考える人もいます。「報・連・相は、業務遂行に欠かせない行動なのでプロセスです」という人もいます。「どちらが正しい」ということはありません。

繰り返しになりますが、自社にとって大切なことに変わりがなければ、「プロセス」「姿勢」、どちらの項目に入れても大丈夫なのです。

では本題に戻って、「役割等級制度における基本給」はどのようにして決めればいいのでしょうか。

これについても、法令上の定めはなく、確立された定義もないので、社員が納得できる内容であれば問題ありません。

会社によって考え方に差はありますが、次の２つのいずれかをおすすめします。

> **役割等級制度における「基本給」の決め方**
>
> 【パターン１】基本給"１本立て"にして、**成果・プロセス・姿勢を総合的に評価**して決める
>
> 【パターン２】基本給は、「**各役割等級に応じた役割給**」と「**成果・プロセス・姿勢を総合的に評価した評価給**」の"２本立て"とする

　「基本給は役割給と評価給の２つから成り立っていると考えるだけで、ややこしい」と思われたかもしれません。

　「役割等級制度というからには役割給だけでよいのではないか」ということはありません。「○○等級制度」とか「○○給」という名称にこだわる必要はないのです。

　なお、上記の【パターン２】基本給は役割給と評価給の"２本立て"における役割給は、各役割に応じて支給する給与であり、評価給は成果・プロセス・姿勢の評価に応じて支給する給与です。

　ちなみに、職能給・職務給・職責給・業績給・役割給…、とさまざまな名称がありますが、その違いは下表のとおりです。

職能給	「職務を遂行する能力」に応じて決まります。 （※）原則的には保有能力に対するもので、能力を発揮しているかどうかは問われません。
職務給	「担当する職務」に応じて決まります。
職責給	「職務に紐づく責任」に応じて決まります。
業績給	「生み出された成果」に応じて決まります。
役割給	「担当する役割・職務」と「役割・職務に紐づく責任」に応じて決まります。

ますますややこしく感じられたかもしれません。能力、職務、責任、成果、役割…、それぞれ何を基準にして評価するかに違いはありますが、本音としては「○○さんの"働きぶり"」を評価しているのが普通ではないでしょうか。

　それを踏まえて、「【パターン1】基本給"1本立て"」と「【パターン2】基本給は「役割給」と「評価給」の"2本立て"」の実例を次ページ以下で紹介します。

　なお、小さな会社にとっては、社員の納得度を最優先するために、シンプルな「【パターン1】基本給"1本立て"」をお勧めします。

　ただし、会社が成長した場合は、指導職や管理職を対象とした「【パターン2】基本給は「役割給」と「評価給」の"2本立て"(「評価給」はリセット方式)」という基本給の決め方もお勧めです。

◎【パターン1】基本給 "1本立て" の例◎

> 社員の評価と会社の業績により変動します。

> 階層と職種により変動します。

階層	等級	役職	基本給	職種手当	役職手当
管理職層	5等級	部長	360,000〜460,000円	製造・営業：30,000円　総務 20,000円	60,000円
管理職層	4等級	課長	320,000〜410,000円	製造・営業：30,000円　総務 20,000円	30,000円
指導職層	3等級	主任	280,000〜360,000円	製造・営業：20,000円　総務 10,000円	10,000円
一般職層	2等級		240,000〜320,000円	製造・営業：10,000円　総務 5,000円	—
一般職層	1等級		200,000〜260,000円	製造・営業：10,000円　総務 5,000円	—

> 「基本給」が重なり合うほうが運用はしやすい。

> 役職者は、各等級のなかで適任者を選出する（もちろん、「等級＝役職」としてもよい）。

> 等級ごとに「役割給」が決まります。**昇格すれば、自動的に昇給**します。

> **社員の評価と会社の業績により変動**します。

> 役職者は、各等級のなかで適任者を選出します（もちろん、「等級＝役職」としてもよい）。

階層	等級	役職	基本給		役職手当	基本給（役割給＋評価給）＋役職手当
			役割給	評価給		
管理職層	5等級	部長	140,000円	220,000〜320,000円	60,000円	420,000〜520,000円
	4等級	課長	130,000円	190,000〜280,000円	30,000円	350,000〜440,000円
指導職層	3等級	主任	120,000円	160,000〜240,000円	10,000円	290,000〜370,000円
一般職層	2等級		110,000円	130,000〜200,000円	－	240,000〜310,000円
	1等級		100,000円	100,000〜160,000円	－	200,000〜260,000円

> 「役割給」と「評価給」のバランスを考えましょう。「評価給」のウエイトが小さければ、評価結果が反映されにくいので、結果的に年功序列型の給与体系になる可能性があります。

> 「等級＝役職」であれば、4等級⇒5等級に昇格と同時に、「役割給」10,000円、「役職手当」30,000円、合計40,000円の昇給となります。

【パターン2】基本給は「役割給」「評価給」"2本立て"の別例（「評価給」が"リセット（洗い替え）方式"）

◎ ◎

> 等級ごとに「役割給」が決まります。**昇格すれば、自動的に昇給**します。また「等級＝役職」とする場合は、「昇格＝昇進」となり、役職手当も加算されます。

> **社員の評価と会社の業績により毎年"リセット（洗い替え）"**されます。評価のつど、"リセット（洗い替え）"も可能です。

階層	等級	役職	基本給 役割給（役職手当を含む）	基本給 評価給	基本給（役割給＋評価給）
管理職層	5等級	部長	240,000円＋30,000円＝270,000円	S：250,000円 A：200,000円 B：150,000円 C：130,000円 D：120,000円	520,000円 ～ 中間値：420,000円 ～ 390,000円
管理職層	4等級	課長	220,000円＋20,000円＝240,000円	S：210,000円 A：170,000円 B：130,000円 C：110,000円 D：100,000円	450,000円 ～ 中間値：370,000円 ～ 340,000円
指導職層	3等級	主任	190,000円＋10,000円＝200,000円	S：170,000円 A：140,000円 B：110,000円 C：90,000円 D：80,000円	370,000円 ～ 中間値：310,000円 ～ 280,000円
一般職層	2等級		170,000円	S：130,000円 A：110,000円 B：90,000円 C：70,000円 D：60,000円	300,000円 ～ 中間値：260,000円 ～ 230,000円
一般職層	1等級		160,000円	S：110,000円 A：90,000円 B：70,000円 C：50,000円 D：40,000円	270,000円 ～ 中間値：230,000円 ～ 200,000円

「各種手当」の見直しは待ったなし

手当の種類を整理する

　わが国の多くの会社では、基本給の他にさまざまな手当を支給しています。

　アメリカなどでは、基本給の他にわが国のように各種手当を支給しているケースは少ないといわれています。特にアメリカでは、「給与は職務の対価である」という概念が明確になっており、「職務以外の要素（たとえば家族や住宅など）は考慮される余地がない」からかもしれません。

　わが国の場合、「給与は職務の対価」という考えが希薄だったことも各種手当が多い要因の1つです。さらに、終身雇用で長く働く社員に報いるためにも、各種手当が支給されるようになっていました。

　ところが、1990年代後半からの成果主義の流れのなかで、職務との関係性が明確ではない手当について、廃止や見直しを検討する会社が増えています。この廃止や見直しの流れは、働き方改革や同一労働・同一賃金の考えが叫ばれ始めてから、さらに加速しています。

　しかし、現在支給している手当を、突然廃止することは、「労働条件の不利益変更」とみなされ、法令上の問題となる可能性があるため注意が必要です。

　このような状況を踏まえて、今後、各種手当をどのように活用していくべきなのでしょうか。

　まずはどのような種類の手当があるのか、手当の性質や支給目的の視点からグループ分けし、手当のあり方を考えてみましょう。

◎主な手当の種類◎

仕事に関する手当	役職手当	課長や部長など、その役職に応じて支給される手当。「役付手当」「管理職手当」という場合もあります。
	資格手当	業務に活かせる資格を保有している社員に対して支給される手当。
	営業手当	営業に従事する社員に対して支給される手当。実態として「固定残業代」（1か月〇〇時間分の時間外労働があったものとみなして支給）として支給する場合もあります。
	皆勤手当	無遅刻・無欠勤の場合に支給される手当。「精勤手当」は遅刻や欠勤日数が会社の定めた回数以下の場合に支給されます。
生活に関する手当	家族手当	配偶者や子どもがいる社員に対して支給される手当。「扶養手当」「配偶者手当」という場合もあります。
	住宅手当	住宅ローンや賃貸住宅の家賃補助として支給される手当。
	地域手当	勤務地によって生じる支出の差（都市部の物価や寒冷地における暖房などの燃料費）を埋めるための手当。
	食事手当	就業時の飲食費用の補助として支給される手当。社員食堂での食事提供の場合もあります。
	在宅勤務手当	在宅勤務を行なう場合の電気代などの支出の補助として支給される手当。「テレワーク手当」という場合もあります。
法律で決まっている手当	時間外割増手当	法定労働時間の1日8時間・週40時間を超えた場合に、割増率25%以上が支給されます。
	休日割増手当	法定休日に出勤した場合に、割増率35%以上が支給されます。
	深夜割増手当	深夜22時〜翌朝5時まで働いた場合に、割増率25%以上が支給されます。

🏢 手当は"盛りすぎ"？

　欧米の先進諸国と比較すると、わが国の給与体系における各種手当は"熱盛"感があることは否定できません。

　そして、今後はジョブ型雇用がある程度浸透してくることを考えると、業務に関係性が認められない手当の廃止または見直しの傾向はますます高まることが予想されます。

　ここでは、特に、仕事に関する手当の「役職手当」と「資格手当」、生活に関する手当の「家族手当」について考えてみましょう。

①役職手当の見直しを検討してみましょう

　役職手当は、課長や部長など、その役職に応じて支給される手当です。会社内で一定レベル以上の役職に就くことで、本来であれば、職務に対する責任（「職責」ともいいます）の大きさによって支給されます。

　しかし、わが国の場合、職種（製造・営業・総務など）の違いに関係なく「部長は○万円」「課長は△万円」と一律に決められている会社が多いのです。職務給の普及が進んでいないためか、職務に対する責任というよりも、一定レベル以上の「役割」に対する手当と考えている会社が大多数を占めています。

　これまでのように、職能資格制度が多くの会社で採用された時代においては、役職手当の存在感は感じられました。

　しかし今後、役割等級制度そして役割給としての要素が強い基本給が採用され始めると、役割に対する貢献度は基本給（役割給）に反映させればいいわけですから、自ずと給与内に占める役職手当の比率は下がっていくことが考えられます。

　また、役職名を"対外呼称"の意味合いも含んで設定している会社もあります。

　対外呼称とは、たとえば、営業主体の会社で、営業社員がある程度の実力をつければ「営業主任」「営業課長」といった"肩書"を、

対外的なイメージをよくするために与えられる呼称をいいます。わが国の中小零細企業ではよくある話です。

法令上の問題はありませんが、他の社員やお客様の視点に立てば、「それで誰が満足するのか」「何か引っかかるものを感じる」のではないでしょうか。

せめて、「営業については一通り任せることができる。だから主任に任ず」程度であってほしいものです。

②資格手当の見直しを検討してみましょう

資格手当は、業務に活かせる資格を保有している社員に対して支給される手当です。なかには、業務に活かしていない場合にも、支給している会社があります。

役職手当同様、今後、役割給としての要素が強い基本給が採用され始めると、役割に対する貢献度は基本給（役割給）に反映させればいいわけですから、自ずと給与内に占める資格手当をはじめとする仕事に関する手当の比率は下がっていくことが考えられます。

しかし、資格取得を通じて、社員の自己啓発や能力開発につながることも期待できます。資格取得を通じて得た知識やスキルを仕事に活かすことは重要なことです。

資格手当を見直す際は、まずは資格を業務に活用していることを支給対象とすべきです。

「資格は取得したけれど、仕事上のプロセスや成果はいままでどおり」では、資格手当を支給している意味がありません。

その次の段階として、将来に向けて、資格取得者に対する報奨のあり方を考えてみてはいかがでしょうか。

具体的には、資格手当の支給を廃止し、会社が指定した資格の取得者に対しては取得時点に一時金として「報奨金」を支払い、それ以降は、通常の人事評価を通じて社員を処遇していくべきではないでしょうか。

③家族手当の見直しを検討してみましょう

　家族手当は、配偶者や子どもがいる社員に対して支給される手当です。

　一般的には、社員が扶養している家族の人数などに応じて支給される手当ですが、役割や業務、つまり仕事にはまったく関係のない、わが国独特な手当の1つといえます。

　1990年代後半からの成果主義の時代においては、家族手当もいったんは廃止の流れのなかにあるようにも感じられました。

　たしかに近年、女性の社会進出が話題にもならないくらい当たり前になったことで、配偶者に対する手当は廃止する傾向が急速に強まっています。

　その反面、少子化への対応を踏まえて、子どもに対する手当支給額を増加したり、支給対象範囲に介護対象家族を追加したりする動きが活発になってきました。

　以上、役職手当、資格手当、家族手当について取り上げましたが、「いますぐ廃止すべき」と言いたいわけではありません。

　伝えたいことは、時代の流れや給与そのものに対する考え方を変えていかなければならないときに、「各種手当だけは、いままでのまま」というわけにはいかないということです。

　当然、労基法上の「不利益変更」の問題も視野に入れなければいけませんが、今後、遅かれ早かれ、給与全般について見直しを余儀なくされる時代がやってくることは容易に予測できます。

　「自社の基本給はこうする。そして各種手当はどうなる」という方向性を、いまのうちから考えておきましょう。

8-5 「賞与配分」はシンプルにする？ それともちょっと凝る？

「賞与」とは

「賞与」は、毎月支払われる給与とは別に、年に数回、一時金として支給されるものです。

多くの会社で、夏と冬の年2回、賞与を支給しています。なかには、決算状況に応じて決算賞与を支給している会社もあります。

わが国の会社における「賞与」は、歴史的には"盆暮れ"に出費が増えることへの補助として、夏・冬（年末）に支給するようになったというのが通説です。

このような生活習慣を支給背景としているため、わが国においては今後も賞与を支給する慣習がなくなることは考えにくいでしょう。

「賞与」の目的とは

賞与を支給する目的としては、会社によってさまざまな考え方がありますが、おおむね、次の4つがあげられます。

「賞与」の目的

①社員の生活費を補填するため
②会社の利益を配分するため
③社員の過去の貢献に対する報償のため
④今後も仕事に励んでもらうため

わが国の多くの会社では、会社の業績がよほど悪くない限り、毎年、夏・冬に慣例的に賞与が支給されます。その点において、賞与は給与と同様に、生活を補填する意味合いをもっているといえます。

その一方で賞与には、会社側の考えとして、がんばって利益を出し、その利益を配分するという性質もあります。

会社の業績が悪い場合は、毎月の給与ではなく、まずは賞与を減額もしくは不支給とすることで、人件費をコントロールするための最優先手段として位置づけることもあります。

その他、今後も仕事を頑張ってもらうという将来への期待を込めて賞与が支給されることもあります。

どれか1つだけではなく、いくつもの目的によって賞与は支給されているのが実態ではないでしょうか。

▦ 「賞与決定」の3つのタイプ

賞与を決定するための基準や方法に決まりはありません。なかには、社長1人で独自に賞与を決定している会社もあります。

しかし、社員の納得感を高めるためには、公平性のある方法で賞与を決定することが大切です。

そこで、賞与を決めるための方法を3つのタイプに分けて説明しますので、自社にとって納得感のある方法を考えてみましょう。

「賞与決定」のための3つの方式

①**賞与基準額連動方式**（「支給月数」を使わない）

　「賞与基準額 × 評価係数 × 会社の業績係数 × 勤怠係数」

②**ポイント制賞与配分方式**

　「ポイント単価 × ポイント数」

③**別テーブル方式**

　「賞与基準額（別テーブル）× 会社の業績係数」

1つ目は「**賞与基準額連動方式**」です。このタイプの計算式は、一般的には「賞与基準額×支給月数」が基本となります。

労働組合のある会社では、賞与支払予定の約2か月前になると「支

給月数」の数値をめぐって団体交渉が進められます。

　賞与支給のための計算方法は法令で定まっているわけではありませんが、わが国では、過去、多くの会社がこの方法を取り入れてきました。

　しかし、年功序列により高齢者の人件費が増大し、さらに若手社員や実力主義の社員のモチベーションの低下を招く可能性が高いことから、「支給月数」の代わりに「評価係数」を用いたり、さらに「会社の業績」や「勤怠状況」を加味したりすることで、社員の評価結果や会社の業績を反映させる方法を採用する会社も増えています。

　ただし、「評価係数」「会社の業績係数」の数値の落とし込みが難しいので、「（仮）運用」したのちに、本格的に運用したほうが無難です。

【賞与基準額連動方式の計算式】

> 社員の人事評価の結果を反映させたい場合に検討しましょう。

> 勤怠係数を乗じてもよいでしょう。

「賞与基準額 (※1) ✕ 評価係数 (※2) ✕
　　会社の業績係数 (※3) ✕ 勤怠係数 (※4)」

> 「基本給」
> 「基本給＋役職手当」
> 「等級ごとの賞与基準額」
> などを使います。

> 会社の業績を反映させたい場合に検討しましょう。

　なお、「評価係数」「会社の業績係数」「勤怠係数」のすべてを計算式に組み込む必要はありません。「賞与基準額×評価係数」または「賞与基準額×会社の業績係数」でもかまいません。

【※1】等級ごとの賞与基準額の例

等　級	基準額
5等級	420,000円
4等級	370,000円
3等級	310,000円
2等級	260,000円
1等級	230,000円

> レンジレート（範囲給）の場合、各等級の中間値を基準とするとわかりやすいです。

【※2】社員の評価係数の例

評　価	S	A	B	C	D
係　数	1.50	1.25	1.00	0.75	0.50

> まず、中間値を決め、その次に最高値と最低値を決めましょう。

　なお、少し複雑になりますが、「社員の評価係数」を等級別にすることも可能です（下表参照）。

【※2】社員の評価係数の"別例"

	S	A	B	C	D
5等級	1.50	1.25	1.00	0.75	0.50
4等級	1.40	1.20	1.00	0.80	0.60
3等級	1.30	1.15	1.00	0.85	0.70
2等級	1.20	1.10	1.00	0.90	0.80
1等級	1.10	1.05	1.00	0.95	0.90

【※3】 会社の業績係数の例

業 績	10%以上 アップ	5%以上 アップ	ほぼ 変わらず	5%以上 ダウン	10%以上 ダウン
係 数	1.50	1.25	1.00	0.75	0.50

　「勤怠係数（※4）」は、「実出勤日数÷出勤予定日数」により出勤率を算出し、その数値を乗じてもよいでしょう。

　ただし、育児休業期間や介護休業期間、会社の都合で休暇扱いとなった日は出勤扱いとして計算しましょう。

　賞与決定方式の2つ目は「**ポイント制賞与配分方式**」です。このタイプは、「ポイント単価×ポイント数」が基本となります。

　「賞与基準額連動方式」において賞与原資の枠内で賞与を配分しようとすると、「評価係数」や「会社の業績係数」の数値を落とし込む際に、何度もシミュレーションを行なう必要があります。時間と労力をかけても、実際には多少の調整（いわゆる"鉛筆なめなめ調整"）が必要なケースがほとんどです。

　したがって、「まずは賞与配分可能な原資ありき」で考えるほうが合理的です。

　そこで登場するのが、「ポイント制賞与配分方式」です。

　特に近年、「賞与基準額連動方式（賞与基準額×評価係数×会社の業績係数×勤怠係数）」に代わるものとして、取り入れる会社が増えています。

　こちらのタイプも合理的とはいえ、やはり、多少の調整（いわゆる"鉛筆なめなめ調整"）が必要と思われることもあるので、何度もシミュレーションを行なう必要があります。

【ポイント制賞与配分方式の計算式】

「賞与ポイント表」で示された
ポイントの合計数となります。

「（賞与原資 ^{（※5）} ÷ 全社員のポイント合計数）
× ポイント数 ^{（※6）}」

　「賞与原資（※5）」の算出方法としては、労働分配率により総人件費を算出し、その総人件費から月例賃金分を控除した額を賞与原資とする方法や、経常利益の一定割合を賞与原資とする方法などがあげられます。

　なお、「賞与原資（※5）」は、"最終調整"のための金額を除いた金額です。

　最終調整とは、人事評価の結果以上に会社に対する貢献度が高い場合や、若手や中途採用者で実際の働きよりも評価が低い場合などの調整（いわゆる"鉛筆なめなめ調整"）のための金額です。最終的な賞与支払総額の10％程度が妥当です。

　賞与ポイントは、＜等級別＞によって「ポイント表」を作成するケースが多いのですが、当然、等級制度の活用が前提となります。

　等級制度がない場合は、＜役職別＞＜勤続年数別＞によってポイント表を作成こともあります。

　また、＜等級別＞＜役職別＞＜勤続年数別＞によるポイントをすべて用いることもできます。

【※6】賞与ポイント表＜等級別＞の例

> まずは、中間値を決めましょう。在籍者の過去数年間の賞与額を等級ごとに表に落とし込みます。たとえば、50万円であれば500ポイント、20万円であれば200ポイントとして、それぞれ該当する等級ごとに成績が良かった時の数値をS評価欄、悪かった時の数値をD評価欄に落とし込むことでおおよそのポイント配分が可能となります。

（単位：ポイント）

	S	A	B	C	D
5等級	500	450	400	300	100
4等級	450	400	350	250	80
3等級	400	350	300	200	60
2等級	350	300	250	150	40
1等級	300	250	200	100	20

> ポイント数値の落とし込みが難しいので、1、2年は仮運用することをおすすめします。自信がもてれば、ようやく本格運用となります。

【※6】賞与ポイント表＜役職別＞の例

（単位：ポイント）

	S	A	B	C	D
部長・工場長	40	30	20	15	0
課長・所長	30	20	15	10	0
主任	20	15	10	5	0

【※6】賞与ポイント表＜勤続年数別＞の例

勤続年数満1年あたり	1ポイント（上限20ポイント）

では、実際に、「ポイント制賞与配分方式」のシミュレーション
を行なってみましょう。

【賞与配分シミュレーションの例】

①賞与原資は100万円、社員数5名

②賞与原資100万円の10%である「10万円」を調整金とする

③個人別ポイント計算を「賞与ポイント表（※6）」を用いて行なう

	等級	役職	勤続	評価	ポイント	ポイント合計
A	5 等級	部長	25年	B	400P＋20P＋20P＝440P	440P ＋ 270P ＋ 385P ＋ 158P ＋ 202P ＝ 1,455P
B	4 等級	課長	10年	C	250P＋10P＋10P＝270P	
C	3 等級	主任	20年	A	350P＋15P＋20P＝385P	
D	2 等級		8 年	C	150P＋8P＝158P	
E	1 等級		2 年	B	200P＋2P＝202P	

④賞与配分を行なう（調整金の「10万円」を除く「90万円」を配分する）

A	90万円 × （440P／1,455P) ≒ 27万円
B	90万円 × （270P／1,455P) ≒ 16万円
C	90万円 × （385P／1,455P) ≒ 23万円
D	90万円 × （158P／1,455P) ≒ 9万円
E	90万円 × （202P／1,455P) ≒ 12万円

⑤最後に、調整金の「10万円」を配分して最終決定とします。

賞与決定方式の**3つ目**は、「**別テーブル方式**」です。このタイプ
は、一目見てすぐわかる方法なので、小さな会社にはお勧めのタイ
プです。

過去の賞与支給額を等級ごとに大まかな数値に落とし込んで、基本給と連動しない「賞与基準表」を"別テーブル"で作成します。あとは、社員の評価と等級、そして会社の業績により賞与を決定するというものです。

「まずは賞与原資ありき」ではないので、会社の業績がある程度順調に推移している場合には、シンプルな考え方なので社長にも社員にもわかりやすいのです。

もちろん、就業規則や給与規程等に「賞与は、会社の業績によっては前年実績を大幅に下回ること、もしくは不支給になることがある」旨を記載しておくことをお勧めします。

また、「同一等級・同一評価において、もう少し幅を設けたい」ということも可能です。

（例：40万～50万円を30万～50万円にしたい）

ただし、幅を広くすると、別等級や別評価との差が曖昧になってしまうので、"落としどころ"を見つける場合はバランスを重視するとよいでしょう。

【「賞与基準表」の例】

	S	A	B	C	D
5等級	40万～50万円	35万～45万円	30万～40万円	25万～35万円	20万～30万円
4等級	35万～45万円	30万～40万円	25万～35万円	20万～30万円	15万～25万円
3等級	30万～40万円	25万～35万円	20万～30万円	15万～25万円	10万～20万円
2等級	25万～35万円	20万～30万円	15万～25万円	10万～20万円	5万～15万円
1等級	20万～30万円	15万～25万円	10万～20万円	5万～15万円	0～10万円

会社の業績により、支給額に差が生じます。たとえば、1等級でS評価の場合、「会社の業績がすごくよければ30万円、昨年並みであれば25万円、すごく悪ければ20万円」というイメージです。

　上記の"別例"として「賞与基準額」に幅を設定せず、その代わりに「会社の業績係数」（下記※）を乗じて会社の業績を反映させる方法もあります。

【「賞与基準表」の"別例"】

	S	A	B	C	D
5等級	45万円	40万円	35万円	30万円	25万円
4等級	40万円	35万円	30万円	25万円	20万円
3等級	35万円	30万円	25万円	20万円	15万円
2等級	30万円	25万円	20万円	15万円	10万円
1等級	25万円	20万円	15万円	10万円	5万円

【※】 会社の業績係数の例

業　績	10%以上アップ	5%以上アップ	ほぼ変わらず	5%以上ダウン	10%以上ダウン
係　数	1.50	1.25	1.00	0.75	0.50

8-6 小さな会社の「報酬制度」はこうする！

①「各種手当」の見直しを検討してみましょう。「廃止／見直し／新設」、対象者と人件費の予定増減額を算出します。世の中の動向や社内の雰囲気を考えながら、そして、**労働条件の「不利益変更」の可能性も視野に入れて**考えてみましょう。

> （手当名）（対象者）（増減額）（変更予定時期）（不利益対応）

②次に、「基本給」は1本立て（基本給のみ）・2本立て（役割給と功績給など）のどちらにするかを決めましょう。小さな会社にお勧めは、「**1本立て（基本給のみ）、号俸を使用しない、上限・下限額のみを設定するレンジレート（範囲給）方式**」です。

【「レンジレート方式（給与テーブルなし）」の例】

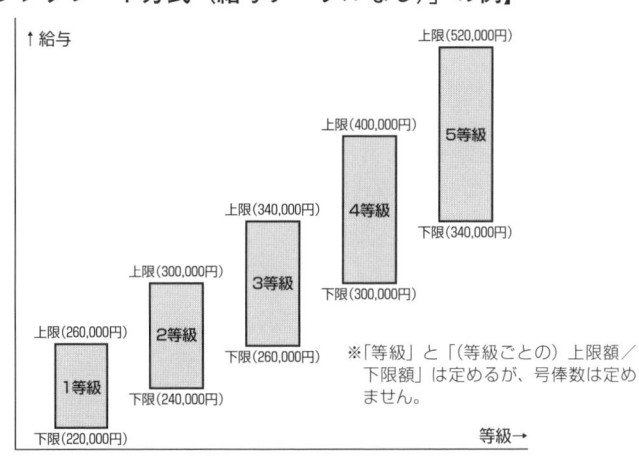

↑給与

上限(520,000円)
5等級
下限(340,000円)

上限(400,000円)
4等級
下限(300,000円)

上限(340,000円)
3等級
下限(260,000円)

上限(300,000円)
2等級
下限(240,000円)

上限(260,000円)
1等級
下限(220,000円)

※「等級」と「（等級ごとの）上限額／下限額」は定めるが、号俸数は定めません。

等級→

③次に、「昇給ルール」を検討しましょう。小さな会社にお勧めは、「等級、評価、さらに**会社の業績結果を加味して昇給額を決定する方法**」です。

【「昇給基準表」の例】

	S	A	B	C	D
5等級	9,000〜11,000円アップ	7,000〜9,000円アップ	5,000〜7,000円アップ	現状維持	現状維持
4等級	7,000〜9,000円アップ	5,000〜7,000円アップ	3,000〜5,000円アップ	現状維持	現状維持
3等級	5,000〜7,000円アップ	3,000〜5,000円アップ	1,000〜3,000円アップ	現状維持	現状維持
2等級	3,000〜5,000円アップ	1,000〜3,000円アップ	500〜1,000円アップ	現状維持	現状維持
1等級	1,000〜3,000円アップ	500〜1,000円アップ	250〜500円アップ	現状維持	現状維持

④「賞与配分ルール」を検討しましょう。小さな会社にお勧めは、「等級、評価、さらに**会社の業績結果を加味して賞与額を決定する方法**」です。

【「賞与基準表」の例】

	S	A	B	C	D
5等級	40万〜50万円	35万〜45万円	30万〜40万円	25万〜35万円	20万〜30万円
4等級	35万〜45万円	30万〜40万円	25万〜35万円	20万〜30万円	15万〜25万円
3等級	30万〜40万円	25万〜35万円	20万〜30万円	15万〜25万円	10万〜20万円
2等級	25万〜35万円	20万〜30万円	15万〜25万円	10万〜20万円	5万〜15万円
1等級	20万〜30万円	15万〜25万円	10万〜20万円	5万〜15万円	0〜10万円

9章

運用：ステップ7

制度を「明文化・周知」する

「規程」をつくって、社員に周知する

🏢 「人事制度に関する規程」はおおまかに定める

　【ステップ1】の「プロジェクトチームを立ち上げる」から始まって、【ステップ6】の「『報酬制度』を設計する」まで進めてきました。

　これで、新しい人事制度の設計に関する説明は完了したことになりますが、最後に、「大仕事」が残っています。

　大仕事とは、これまで検討してきた内容を「**規程**」にまとめて、社員に浸透させることです。この「大仕事」を怠ると、社員から"ブーイング"が起こるかもしれませんので、しっかりと気を引き締めて対応していきましょう。

　まずは、人事制度に関する規程の「立ち位置」を整理しておきたいと思います。

　会社の"ルールブック"とも呼ばれる「**就業規則**」には、必ず記載しなければならない事項（これを「**絶対的必要記載事項**」といいます）と、会社で定めをする場合には記載しなければならない事項（これを「**相対的必要記載事項**」といいます）があり、人事制度に関する規程は、相対的必要記載事項と位置づけられています。

　本来、規程を定めるかどうかは会社の自由ですが、社内ルールとして定めた場合には、必ず規程として明文化すべきということです。つまり、人事制度に関する規程は、就業規則の一部であるという認識が必要となるのです。

　人事制度の役割は、「経営理念やビジョンの実現」という目的のために、社員の成長段階を確認し、社員を育成することです。

　そのためには、社員の成長ステージや評価と処遇の関係性を明文

化し、社員にオープンにすることは不可欠なことです。

目的や目標、現在地もわからない状態で「がんばれ！」といわれても「何をどうがんばっていいのか」がわからなければ、社員も会社も方向性がバラバラになってしまいます。

そのために、等級制度や評価制度の内容を、ルールブックとして規程に落とし込んで、社員に周知することが大切となるのです。

規程の内容として特段の決まりはありませんので、自社にとって、「人事制度の運用上、大切なこと」をシンプルにまとめるとよいでしょう。

たとえば、役割等級制度をまとめた「役割等級規程」や、評価制度をまとめた「人事評価規程」は以下のような項目を記載することになります。

- **「役割等級規程」に記載する主な内容**
   等級基準と役職、昇格および降格、昇進および降職など
- **「人事評価規程」に記載する主な内容**
   評価時期および期間、評価項目および着眼点、評価項目のウエイト、評価段階および評価者、評価区分、評価者の遵守事項など

「不利益変更」のフォローを怠らない

人事制度を新たに作成したり、見直しを行なったりした場合に、社員の待遇が現在よりも悪くなることがあります。

これを労働条件の「**不利益変更**」と呼びますが、該当する場合はしっかりとしたフォローが必要です。

たとえば、これまで人事評価を行なっていなかった会社が新たに評価制度を導入した結果、社員によっては給与が下がってしまう場合があります。

また、一方的な各種手当の廃止や金額の見直しも、不利益変更と

みなされる可能性が高いといえます。

この点について、労働契約法には以下のように定められています。

> ● 労働者及び使用者は、その合意により、労働契約の内容である労働条件を変更することができる。（労働契約法第8条）
> ● 使用者は、労働者と合意することなく、就業規則を変更することにより、労働者の不利益に労働契約の内容である労働条件を変更することはできない。（以下略）（労働契約法第9条）

補足すると、労働契約法第8条・9条の違反に対する罰則はありません。しかしながら、不利益変更に不満をもつ社員が民事損害賠償請求を行なう可能性があります。

そうなると、社長と社員の信頼関係が崩壊する原因にもなりかねませんから、不利益変更の可能性がある場合は、誠実な対応を心がけてください。社長の一挙手一投足を社員が見ていることを忘れてはなりません。

次に、不利益変更への対応について説明しておきます。

まずは、不利益変更の対象者にしっかりと事情を説明して、原則として「個別の同意」を得る必要があります。個別の同意は、できれば書面に残しておいたほうがいいでしょう。

さらに、人事制度に関する規程など、就業規則の変更に関する不利益変更については、「変更に合理性があるかどうか」が問われます。

裁判になれば、裁判官や弁護士によって意見が分かれることが多いのが現状です。不利益変更の判断については、以下のような事項を総合的に検討されます。

いずれにしても、まずは不利益変更の対象者に対して、しっかりと誠意ある対応を行なうことが大切になります。

> **「就業規則変更の合理性」の判断材料**
>
> ● 不利益の程度はどれくらいか
> ● 不利益変更を行なう必要性はあるのか
> ● 変更内容に相当性はあるのか
> ● 社員や労働組合に対する説明や必要な交渉を行なっているの
>   か　など

■ 「社員説明会」がスムーズな運用の"第一歩"となる

　人事制度は「作成3割・運用7割」といわれることがあります。

　これは、どれだけ内容がすばらしい制度であっても、運用でつまずく会社が多いことを物語っています。

　そこで、運用でつまずかないために、会社は何をすべきかを考えてみましょう。

　人事制度の完成後においても、いくつかポイントがあります。変更点を文章にして配布するだけや、人事担当者からの一方的な説明だけでは、社員にとっても表面的な理解になりかねません。

　プロジェクトメンバーではない社員に対しても「なぜ、人事制度をつくったのか」「なぜいま、人事制度を変えなければならなかったのか」といった社長の"本音"を伝えることが大切なのです。

　社長の本音の説明がなければ、「人事制度は自分たちを一方的に評価して給与を下げるため」と誤った考えを与えかねません。

　社長の思いや考えが伝わらず、社員の不安を煽り、反発を招いてしまうことが往々にしてあります。「社員の成長のためのツール」であるはずの人事制度が、社長の真意が伝わらず、「社員の離職」につながる可能性も考えられるのです。

　そうならないためには、「社員向け説明会」を開催して、社員の不安感を取り除かなくてはなりません。

　ここでは、「社員説明会」を成功に導く3つのポイントを紹介し

ます。

　１つ目は、人事制度について「**社長自身が社員に説明する**」ことです。

　一般的には、人事担当役員や人事担当者が説明会の"音頭"をとる場合が多いのですが、小さな会社の場合、社長自らが、社員全員に対して説明会を１回だけ実施する場合もあれば、業務の都合上、２つのグループに分けて説明会を実施する場合もあります。

　どちらの場合も、社員の集中力が持続できるのは２時間程度と思われるので、「説明１時間30分、質疑応答30分」がお勧めです。

　まずは、新規作成、見直し作成を問わず、会社にとって一番大切な社員の育成に係ることですから、社長自身が自らの思いや考え方を社員に伝えるのが望ましいのはいうまでもありません。

　社員は常に、社長の一挙手一投足を観察し、社長の"本気度"をはかっていることを忘れないでください。

　２つ目は、「**人事制度の目的をしっかりと伝える**」ことです。

　「なぜ、人事制度をつくったのか」「なぜいま、人事制度を変えなければならなかったのか」について、社長の本音を最初にしっかり伝えることが大切です。

　特に、これまで経営理念と人事制度が"紐づけ"されていなかった場合は、これを機に「わが社の経営理念」と「経営理念と人事制度の関係」についても伝えていきましょう。

　さらに、「社員の成長ステージはどうなるのか（等級制度）」「何

を貢献とみなすか（評価制度）」「評価はどのように処遇に反映されるのか（報酬制度）」については、じっくりと時間をかけて説明することで、社員の不安感を取り除くことを最優先してください。

3つ目は、「**説明会後に個別面接を行なう**」ことです。

人事制度の概要については、全社員への説明会で周知済みですから、個別面接では、「各社員における等級や今後期待する役割、そして給与などの処遇」に関する説明を行ないます。

この個別面接も小さな会社の場合は、社長自身が行なってください。

なお、給与が下がるなどの不利益変更や等級への格付け、給与などの処遇に変化があれば、よりていねいな説明が求められます。

特に、不利益変更については、調整手当などで一定期間、給与補填を行なうなどの経過措置を実施することも検討しましょう。ここでのフォローを軽視すると、人事制度そのものが不平不満の火種になってしまいますから、慎重に進めていきましょう。

そして、社員からの問い合わせには、必ず社員が納得するまで、社長自らが回答すること——この積み重ねこそ、人事制度への信用が増してスムーズな運用につながっていくのです。

小さな会社の「人事制度に関する規程」はこうする!

　人事制度の３つの制度にもとづいて、それぞれ以下の「規程」を作成します。

> ● 「等級制度」→「**役割等級規程**」（役割等級制度の場合）
> ● 「評価制度」→「**人事評価規程**」
> ● 「報酬制度」→「**給与規程**」（就業規則と一緒につくる）

　ここでは、「役割等級規程」と「人事評価規程」のひな形を紹介します。

　なお、規程内の文章のアミかけ部分は、自分の会社の実態に合わせて修正してください。

役割等級規程

第1章　総　則

第1条（目的）

　この規程は、会社が社員に期待する役割と責任により等級を区分し、これにもとづいて社員の公平な処遇を行なうとともに、社員の能力開発と人材育成を促進するために定めたものです。

第2条（適用範囲）

　この規程は、次に掲げる者を除く当社の社員に適用します。

(1)　入社後6か月未満の者

(2)　休職者

(3)　パートタイマー

(4)　臨時に使用されている者

第2章　等級基準と役職

> 社員数20名であれば、2階層または3階層がおすすめです。現時点で定めた階層に適任者がいなくても、3〜5年後を想定して定めましょう。

第3条（等級基準と役職）

1．求められる役割の難易度や責任、権限の大きさと範囲などにもとづき、等級基準を次のとおり設定します。

2．役職は対応する等級に属する者のなかから候補者を選び、役員会議で協議のうえ、適任者を任命します。各等級に応じた役職を次のとおりとします。

階層	等級	等級定義	等級基準	対象役職
管理職層	3等級	部門の責任者	・経営理念にもとづく総括的な経営管理業務を遂行する。 ・部門目標の立案、実行推進、進捗管理を行なう。 ・会社の目標達成に向けて、他部門と協力しながら部下の力を結集させる。 ・新規業務や新技術の立案を行なう。	部長
指導職層	2等級	担当業務が一人前かつ後輩へのアドバイザー	・基本的業務を滞りなく、ほぼ独力でこなす。 ・担当業務の課題を自ら発見し、解決、改善する。 ・難易度の高い業務にも挑戦し、上司の指示やサポートを受けながら行なう。 ・後輩へ積極的にアドバイスを行なう。	課長
一般職層	1等級	指示業務の遂行	・上司の具体的な指示や同僚のサポートを受けながら、基本的業務を行なう。 ・失敗しても、最後まであきらめずに業務を行なう。 ・しっかりとした言葉づかい、清潔な身だしなみなどに気を配る。 ・社内ルールや約束ごと、期限、時間を守る。	―

第3章　昇格・降格および昇進・降職

> 数回の評価を実施してから、点数や基準を落とし込んだほうがよいでしょう。

第4条（昇格および降格）

1. 昇格および降格の時期は、原則として年1回、4月に行ないます。ただし、社長が特別にその必要があると認めた場合は随時行なうこともあります。

2. 求められる役割の難易度や責任、権限の大きさと範囲などにもとづき、昇格基準、降格基準、その他の要件を次のとおり設定します。なお、年度の総合評価は、直前1年間の評価期間に対する点数を合計し、平均点数を算出して「S（85点以上）・A（75点以上）・B（65点以上）・C（55点以上）・D（54点以下）」の5段階で判定します。

等級	昇格基準	上司推薦	資格取得・研修	社長面接
2等級⇒3等級	B以上5回かつA以上3回	○	○	○
1等級⇒2等級	B以上3回かつA以上1回	○	○	○

等級	降格基準	社長面接
3等級⇒2等級	2年連続C以下	○
2等級⇒1等級	2年連続C以下	○

第5条（昇進および降職）

1. 昇進および降職の時期は、原則として年1回、4月に行ないます。ただし、社長が特別にその必要があると認めた場合は随時行なうこともあります。

2. 求められる役割の難易度や責任、権限の大きさと範囲などにもとづき、昇進基準、降職基準、その他の要件を次のとおり設定します。

役職	対象等級	昇進基準	社長面接
部長	3等級	経営判断能力の高い社員を候補者とし、そのなかから役員会議において適性・人望などを勘案して選出する。	○
課長	2等級	後輩に対する指導力のある社員を候補者とし、そのなかから役員会議において適性・人望などを勘案して選出する。	○

役職	降職基準	社長面接
すべての役職	役員会議において、役職としての役割を全うしていなかったり、まわりの社員もしくはお客様に対して悪い影響を与えていたりなど、役職者としてふさわしくないと判断された場合。	○

附　　則

（施行日）

　本規程は、○○○○年○○月○○日から施行します（従前の規則は、△△△△年△△月△△日をもって廃止します）。

人事評価規程

第1章　総　則

役割等級制度を導入した場合です。職能等級制度の場合は「成果・能力・姿勢」となるケースが多いです。

第1条（目的）

　この規程は、社員の成果およびプロセスならびに姿勢を的確に把握し、これにもとづいて公平な処遇を行なうとともに、社員の能力開発と人材育成を促進するために定めたものです。

第2条（適用範囲）

　この規程は、次に掲げる者を除く当社の社員に適用します。

⑴　入社後6か月未満の者

⑵　休職者

⑶　パートタイマー

⑷　臨時に使用されている者

第2章　評　価

年4回評価の場合です。

第3条（評価時期および期間）

1．人事評価は、毎年4回5月、8月、11月、翌年2月に実施します。

2．評価期間は、2月から4月、5月から7月、8月から11月と12月から翌年1月のそれぞれ3か月間を対象とします。

3．年度の総合評価は、前項に定める評価期間に対する点数を合計し、平均点数を算出して求めます。

役割等級制度を導入した場合です。職能等級制度の場合の(1)〜(3)は「成果・能力・姿勢」となるケースが多いです。

第4条（評価項目および着眼点）

　人事評価は、被評価者ごとに、次に掲げる評価項目について行ないます。ただし、評価者が実際に評価を行なうに際し、具体的な評価着眼点は別途、「人事評価シート」に定めます。

(1)　成果評価（①仕事の質、②仕事の量、③目標達成率）

(2)　プロセス評価（①知識・技術、②折衝力、③創意工夫、④報・連・相、⑤部下の指導）

(3)　姿勢評価（①協調性、②積極性、③規律性、④責任感）

第5条（評価項目のウエイト）

　人事評価のそれぞれの評価項目には、適正な総合評価を得るために、一定のウエイト付けを行ないます。

第6条（評価シートの種類）

　人事評価は、等級および職種により「評価シート」により行ないます。「評価シート」には次の種類があります。

(1)　管理職者（製造・営業・総務）

(2)　指導職用（製造・営業・総務）

(3)　一般職用（製造・営業・総務）

第3章　評価の実施

社員数20名であれば、社長が全社員の働きぶりを把握できる可能性が高いと思います。しかし、管理職や指導職を育成するために、評価対象者としてもよいでしょう。

第7条（評価段階および評価者）

1．人事評価の段階数は、自己評価、第1次評価および第2次評価の3段階とします。

2．評価者および被評価者は、次のとおりです。ただし、評価者が着任後3か月を経過していない者など、評価者として適当でないと認められる場合には、会社が評価者を決定します。

被評価者の役職	第1次評価者	第2次評価者
部長	社長	社長、部長、課長による評価決定会議において評価を決定します。
課長	部長	
一般社員	部長または課長	

「4段階評価」も検討しましょう。

第8条（評価区分）

評価区分は、次の5段階とします。

評価区分	レベル
S	会社の期待を大幅に上回った
A	会社の期待をほぼ上回った
B	ときどきサポートは受けたが、会社の期待どおりにできた
C	ミスはあったが、上司や同僚のサポートでカバーできた
D	ミスが多く、上司や同僚のサポートがなければできなかった

第9条（評価者の遵守事項）

評価者は、評価を行なうにあたって、次に掲げる事項を守ってください。

⑴　私情をはさまず、冷静かつ素直に評価しましょう。
⑵　他人の意見にとらわれず、評価者自身で判断しましょう。
⑶　被評価者同士を比較せず、1人ひとりの行動に向き合いましょう。

9章

【運用：ステップ7】制度を「明文化・周知」する

第4章　評価結果の取扱い

第10条（評価結果の使途）
　評価結果は、原則として社員の昇給、昇格、昇進および賞与の配分に適正に反映します。

第11条（評価結果の通知）
　評価結果は、被評価者本人に対して、しっかりと面接の場を設けたうえで、直属上司を通じて通知します。

第12条（異議申立て）
　被評価者が、評価結果に異議がある場合は、社長に対して異議申立てをすることができます。その場合、早急に、面接の場を設けるとともに、社長自ら、適宜必要な措置を講じます。

附　　則

（施行日）
　本規程は、○○○○年○○月○○日から施行します（従前の規則は、△△△△年△△月△△日をもって廃止します）。

10章

〜「使える！ 人事制度」にするために〜

人事制度は「信頼関係」で成り立っている

　人事制度は、社員育成のツールであるがゆえに、上司と部下の信頼関係が強固であればあるほど、本来の役割を果たすことができます。

　信頼関係があれば、指導や叱咤激励は反省や改善の機会となり、信頼関係がなければ、上司の熱血指導は単なる迷惑行為、ときにはパワハラといわれることだってあり得るのです。

　したがって、人事制度をうまく運用するためには、等級制度・評価制度・報酬制度といった制度の見直しとともに、いかに社内のいたるところで信頼関係を築けるかにかかっています。

　また、人事制度に完璧を求めることができない以上、どこかで社員が納得できる "折り合い" を見つけなければなりません。

　その際にも、信頼できる社長や上司からの発言であれば、肯定的にとらえることができる反面、信頼できない社長や上司からの発言であれば、発言そのものが不平不満の火種となってしまいます。

　社員の「働く目的」「経営理念」「人事制度」の関係を図示すると次ページのようになります。

◎「使える人事制度」のスタートは、社員を大切にすること◎

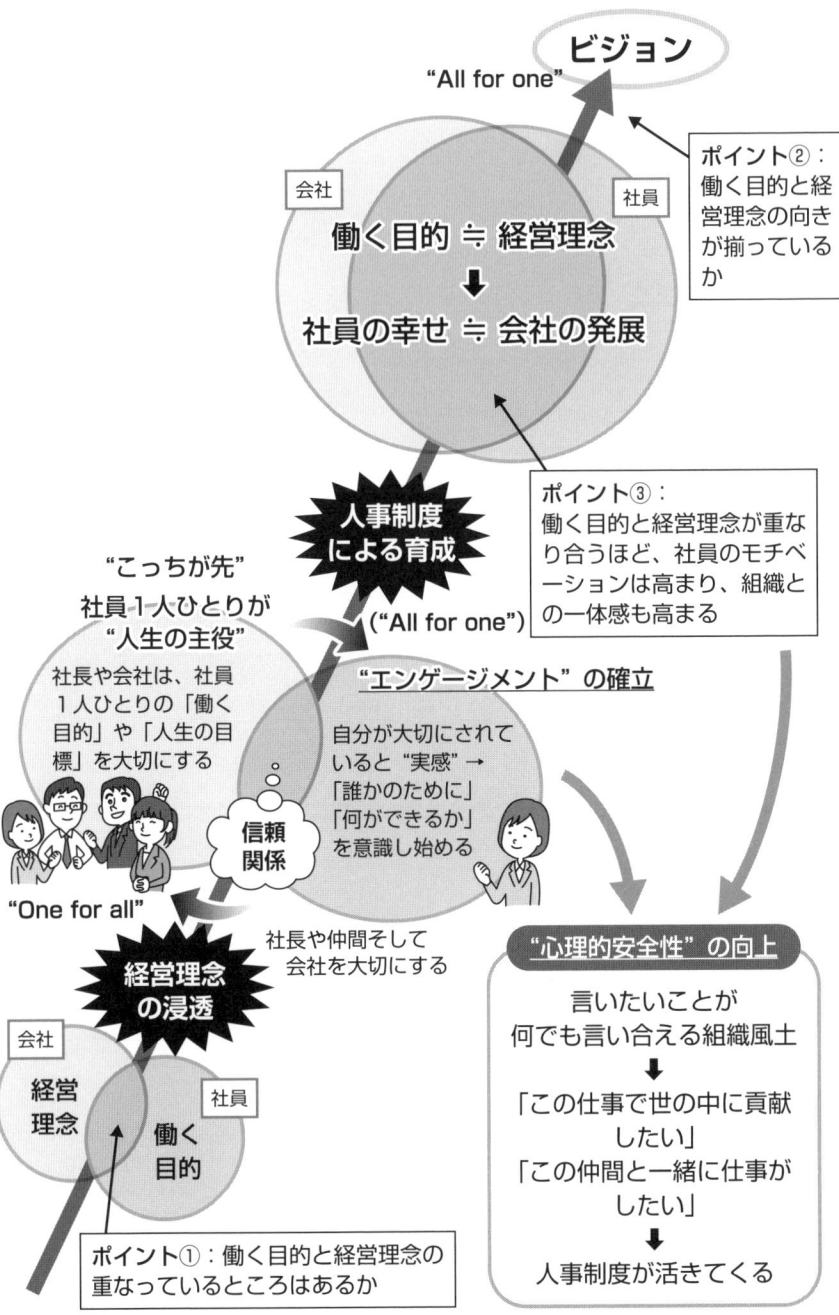

"All for one"

ビジョン

ポイント②：
働く目的と経営理念の向きが揃っているか

会社　社員

働く目的 ≒ 経営理念
↓
社員の幸せ ≒ 会社の発展

ポイント③：
働く目的と経営理念が重なり合うほど、社員のモチベーションは高まり、組織との一体感も高まる

人事制度による育成

"こっちが先"
社員1人ひとりが
"人生の主役"

社長や会社は、社員1人ひとりの「働く目的」や「人生の目標」を大切にする

("All for one")

"エンゲージメント"の確立

自分が大切にされていると"実感" → 「誰かのために」「何ができるか」を意識し始める

信頼関係

"One for all"

経営理念の浸透

社長や仲間そして会社を大切にする

会社
経営理念

社員
働く目的

"心理的安全性"の向上

言いたいことが
何でも言い合える組織風土
↓
「この仕事で世の中に貢献したい」
「この仲間と一緒に仕事がしたい」
↓
人事制度が活きてくる

ポイント①：働く目的と経営理念の重なっているところはあるか

社員１人ひとりの 「働く目的」を大切にする

　では、上司と部下の信頼関係を築くためには、何を意識してどのように行動すればいいのでしょうか。

　信頼関係を築くためには、まずは、社長や上司が社員１人ひとりの働く目的や人生の目標を知ろうとすることが大切です。

　つまり、社員１人ひとりが「何のために働いているのか」に理解を示すということです。

　多くの社長は、社員が働く目的を「お金を稼ぐため」としか考えていないのではないでしょうか。

　たしかに、「働く目的はお金や生活のため」というのも誤りではありません。しかし実際には、“お金の先”に、スキルアップのため、出世のため、家族のため、趣味のため、地域社会への貢献のためなど、さまざまな目的が存在しているのです。

　「○○さんは、こういう趣味があったんだ」「○○君の息子さんは今度、大学受験か、お金がかかりそうだな」など、このちょっとした「気にしてますよ」という感覚が信頼関係に影響を与えます。

　「自分は社長や職場の仲間から大切にされている」と実感できることで、今度は、「誰かのために」「自分は何ができるのか」を意識するようになるのではないでしょうか。

　社員１人ひとりの働く目的と、経営理念の方向性と内容が重なり合うことで、「この仕事で世の中に貢献したい」「この仲間と一緒に仕事がしたい」という思いがいままで以上に強くなります。

　「働くとは、傍（はた）を楽に（らく）すること」といわれます。

◎「○○のために」という旗をあげよう◎

愛する人、家族、同僚、お客様、地域社会など、「自分自身の使命を自分以外の幸せのために尽くす」という考え方が、われわれ日本人の根底には流れています。

　人は「自分のため」よりも「誰かのため」に生きるほうが、よりやりがいが高まるのではないでしょうか。

10-3 人事制度は「コミュニケーションツール」として活用する

　実際には、職場内のコミュニケーションで、プライベートの話題を持ち出すことはほとんどないかもしれません。しかし、人となりやプライベートをまったく知らずに仕事をするのは、時には息苦しさを感じたり、不安になったりすることもあります。

　プライベートの話をある程度、共有しているからこそ、お互いの理解が深まり、信頼関係を築くことができるのではないでしょうか。

　コミュニケーションをしっかり行なうためには、まずは社長や上司が、自分の働く目的や会社を設立した目的、プライベート、さらには過去の失敗談などを自己開示していくことが大切となるのです。

　人事評価を行なって、その時だけ"やらされ感"いっぱいのフィードバック面接を行なっても、そもそも信頼関係がなければ、効果は低いどころか、逆効果につながりかねません。

　コミュニケーションツールの一環として、人事評価のフィードバックの際に活用したいのが「**面接記録シート**」です。

　内容は、①ほめることは何か、②改善することは何か、③評価に対する感想、④社員から社長（会社）に対する要望、⑤社長（会社）から社員に対する要望、⑥面接を通して感じたこと、などです。

　これらを文書として残すことで、評価点数には表われない社員のがんばりや不安・不満要素を把握し、処遇や次回の面接にも反映することができるのです。

　フィードバック面接を行なっても、「どのような内容が話されたのか」をデータで残している会社は少ないです。

　面接記録シートを活用することで、社長や上司に対する社員の信頼感はますます高まることになり、人事制度の納得感も徐々に確立されるのです。

◎「面接記録シート」のサンプル◎

面接記録シート

面接者	社長

氏名		所属		等級		役職	
面接日	年　月　日	評価対象期間		年　月から　　年　月まで			

①ほめたこと

②改善を求めたこと

③社員の評価に対する感想（不満点など）

④社員から社長（会社）に対する要望

⑤社長（会社）から社員に対する要望または目標設定

⑤面接所感（全体的な感想、留意事項など）

おわりに

　本書を最後までお読みいただき、心から感謝申し上げます。
　「小さな会社が使いこなせる、シンプルな人事制度」について、一冊の本にまとめてみたいという思いを叶えることができました。

　本書の執筆に際し、まずは刊行のきっかけをつくっていただいた特定社会保険労務士の佐藤広一先生には、この場を借りてお礼申し上げます。また、的確な編集をされたアニモ出版編集部の小林良彦様にも心よりお礼申し上げます。
　今後も、毀誉褒貶（きよほうへん）を過度に気にするよりも、自分にできることをコツコツと、そして「一隅を照らす」存在になりたいと思っています。
　と同時に、「人知らずとも、一隅を照らす」小さな会社、自分の心に灯をともし続ける社長や社員を、心から応援したいと思っています。

　最後に、2024年1月1日に発生した能登半島地震は、北陸地方に多大な爪痕を残しました。
　被災地の早い復興、そして被災された皆様の生活が1日も早く平穏に復することを祈念し、本書の印税全額を震災復興に寄付いたします。

松本　明弘

【参考文献】
『メンタリング・マネジメント』（福島正伸著／ダイヤモンド社）
『指示なしで動くチームの作り方』（吉野創著／ぱる出版）

松本明弘（まつもと　あきひろ）

社会保険労務士 松本事務所　所長。

1968年、富山県生まれ。中央大学経済学部卒業。大学卒業後、民間会社で営業職に携わり東京支店長等歴任。2003年サラリーマン生活に終止符を打ち、翌2004年、社会保険労務士試験合格。その後、人事コンサルティング会社や社会保険労務士法人で経験を積み、2007年、富山市に「社会保険労務士 松本事務所」設立。開業以来一貫して、中堅・中小企業における社長と社員の心に活力と安心を与え続ける組織の実現をめざして、就業規則や人事制度の作成、および人事労務アドバイス業務を行なっている。また、各種経済団体主催のセミナー講師を務める機会も多く、わかりやすい講義内容に定評がある。主な著書に『会社と従業員を守るルールブック 就業規則のつくり方』（共著・同文舘出版）がある。

URL　：http://www.sr-m.jp/
Email：sr-m@pb.ctt.ne.jp

これなら使える！
小さな会社の「シンプル人事制度」

2025年3月15日　初版発行

著　者　松本明弘
発行者　吉溪慎太郎
発行所　株式会社アニモ出版
　　　　〒162-0832 東京都新宿区岩戸町12 レベッカビル
　　　　TEL 03(5206)8505　FAX 03(6265)0130
　　　　http://www.animo-pub.co.jp/

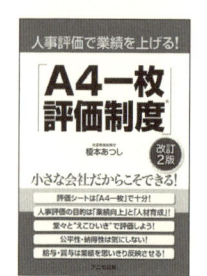
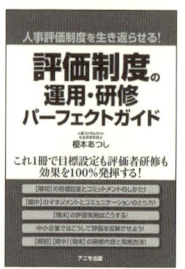
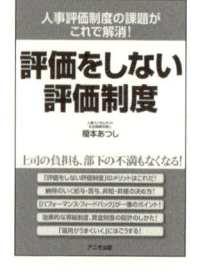
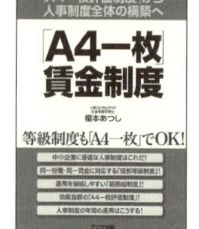